ジェンダー平等のまちをつくる

東京都国立市の挑戦

太田美幸 編

新評論

まえがき

東京駅からまっすぐ西に向かう電車で一時間弱。ＪＲ国《くに》立《たち》駅の高架下にある建物の中に、カラフルな装飾が目を引く一角がある。幅三・五メートル、奥行き二メートルほどのＬ字型の事務所にデスクとパソコンが置かれ、頭上には書類が詰まったキャビネット。デスクのすぐ脇には、廊下に面したカウンターがあり、その上にはリーフレットやチラシがぎっしりと並んでいる。整然と片づけられてはいるものの、余白はまったくなく、あまりにも狭い空間だ。

ここは、東京都国立市が設置する「くにたち男女平等参画ステーション」、通称「パラソル」である。常時、二名から三名が勤務しているこの事務所のメイン業務は二つ、「情報発信」と「相談活動」である。

パラソルの入り口

パラソルの事務所

ある日の午後の業務風景は、こんなふうである。

スタッフの一人が奥のデスクで、来月に開催する常設展示のためのパネルをデザインしている。パネル展示のほか、国立市内で配布される情報誌の発行、市内の学校での出前講座、学習会やイベントの企画なども、ここでおこなわれている。YouTubeの「パラソル・チャンネル」から配信される動画では、スタッフが手書きでつくりあげたパラソルのオリジナル・キャラクターが、「ジェンダー平等ってなんだろう?」、「困ったことがあったら相談しよう」といったメッセージを視聴者に届けている。

手前のデスクに陣取るもう一人のスタッフは、電話相談を受けている最中だ。相談窓口が開設されてから丸六年、寄せられた相談はのべ六〇〇〇件以上に上る。家族との関係、職場での悩みなど、あらゆる「生きづらさ」を語る人々の声が、市の内外からここに寄せられてくる。

そうした声にスタッフたちは真摯に耳を傾け、市として何ができるかを真剣に考える。そして、できそうなことを思いついたら、さまざまなところに連絡をし、それが実現されるために奔走する。相談のなかで発せられた声が、市内外へのメッセージとして、さまざまなツールを用いて発信されることもある。

国立市は人口七万六〇〇〇人弱の小さな自治体である。「パラソル」の活動も決して大規模なものではないが、全国の自治体に配置されているジェンダー関連施策の担当職員のなかではわりと知られた存在で、これまでに何度もメディアで紹介されてきた。

注目を集める理由の一つは、二〇一八（平成三〇）年に国立市が施行した条例にある。「国立市女性と男性及び多様な性の平等参画を推進する条例」は、性的指向および性自認などの公表（カミングアウト）をするかしないかの選択は個人の権利であることを明記し、それを第三者に暴露する「アウティング」を日本で初めて明確に禁止したことで、全国に知られることになった。この条例にもとづく取り組みを推進するための拠点施設として設置されたのが「パラソル」である。

加えて、この条例にはもう一つの特徴がある。DV（ドメスティック・バイオレンス、家庭内暴力）の被害者支援を重視していることである。

国立市を拠点に活動している「NPO法人　くにたち夢ファーム Jikka《ジッカ》」は、DVなどの困難な問題を抱える女性たちに制度の壁を越える支援を届けることを目指して、二〇一五（平成二七）年に設立された。立ち上げの際から国立市とは協力関係を築いており、行政との密な連携によっ

Jikkaの外観

て可能となる先駆的な取り組みが全国に広く知られている。それゆえ、全国各地から支援を求めて多くの女性がやって来る。

「パラソル」が設置された二〇一八年以降は、Jikka《ジッカ》の支援活動とパラソルの相談活動の連携も徐々に強化されてきた。この両者は、現在の国立市のジェンダー平等施策を支える柱となっている。

こうした国立市の取り組みは、市民たちから寄せられる声によって形づくられたものである。その背景には、「市民参加のまちづくり」の長い歴史がある。市民の声は、どのように行政を動かし、まちを変えていくのか。そこに反映される市民と行政の関係とはどのようなものなのか。ジェンダー平等に向けた国立市の挑戦は、まさにこうした問いに対する一つの答えを示している。市民の声がジェンダー平等のまちをつくる。本書で描いていくのは、現在もなお進行中の、その実例である。

どのような人々が、どのような思いを抱えながら、どのようにしてジェンダー平等への道を切り開こうとしてきたのか。そこにはどのような葛藤があり、先に進むことはどれほど難しいのか。自らが暮らす地域社会で私たちにできることとは何か――。本書は、こうしたことをともに考えていくために、市民、市内で活動する諸団体、国立市職員など、多くの関係者との共同作業のうえに書かれたものである。

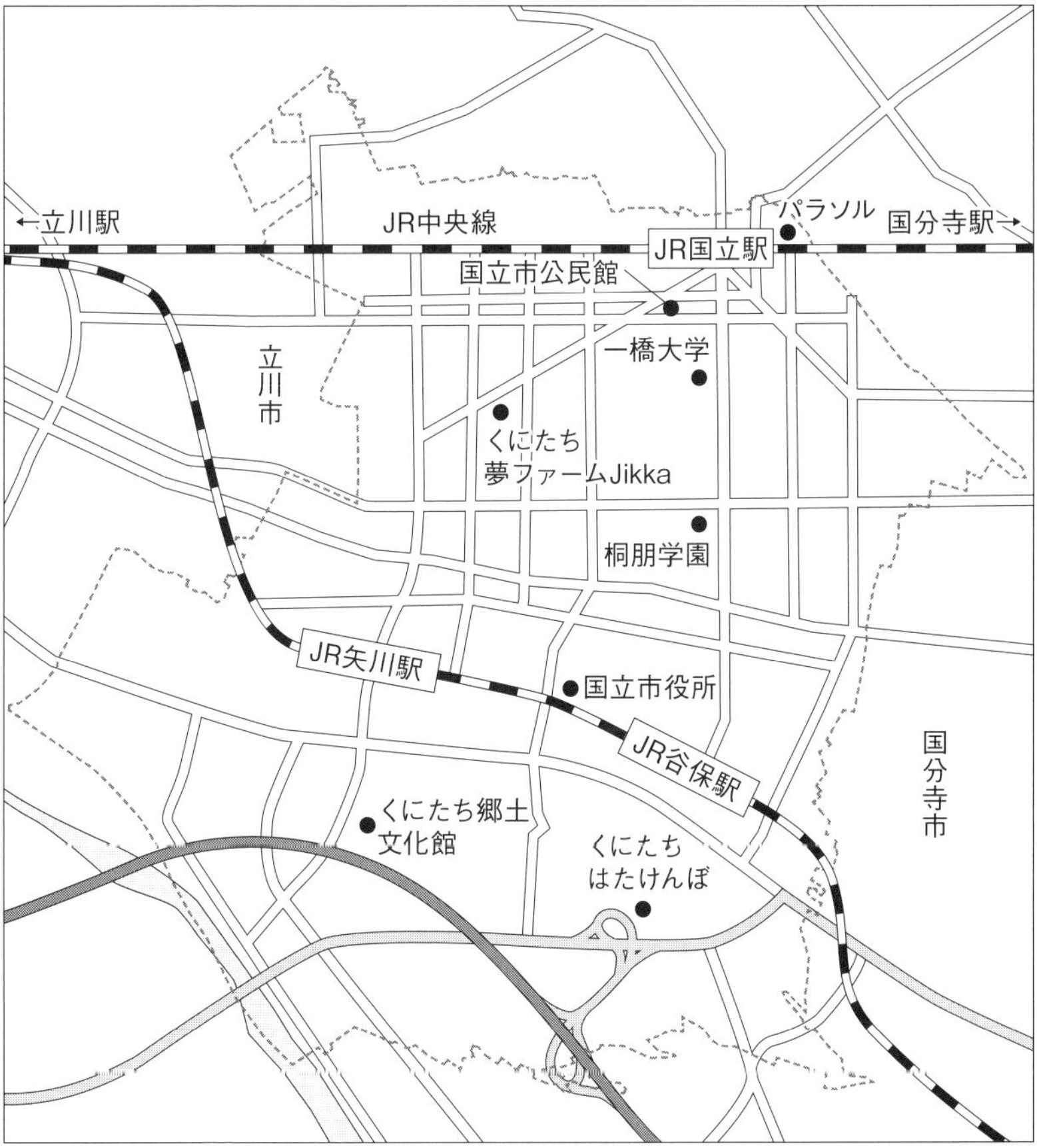
←立川駅
JR中央線
パラソル
国分寺駅→
JR国立駅
国立市公民館
一橋大学
立川市
くにたち
夢ファームJikka
桐朋学園
JR矢川駅
国立市役所
JR谷保駅
国分寺市
くにたち郷土
文化館
くにたち
はたけんぼ

もくじ

第７章

誰も傷つけない社会をつくる！

――国立市の挑戦

ジェンダー平等のまちをつくる——東京都国立市の挑戦

第1章　「市民参加のまちづくり」の歩み

1　文教地区指定運動と女性たち

国立市におけるジェンダー平等のまちづくりを知るために、まずはこのまちがどのように成り立ってきたのか、その歴史をたどるところからはじめてみたい。

国立市の前身である谷保村は、大正末期までは甲州街道沿いに数百戸の農家が点在する小さな村で、それより北側は雑木林が広がる里山であった。しかし、一九二三（大正一二）年に発生した関東大震災をきっかけに、この一帯は大きく変わることになった。

開業当時（1926（大正15）年）の国立駅南口（箱根土地株式会社による絵葉書。国立市公民館所蔵）

当時、都心にキャンパスを構えていた東京商科大学（現・一橋大学）は、震災による甚大な被害をきっかけに、移転先を探していた。キャンパスを新設するのにふさわしい移転先として、都心から離れた谷保村が選ばれ、中央線国立駅が新設されるとともに、駅周辺の一帯が大規模な学園都市として開発されることになったのである。

『一橋新聞』（一九二五年一一月一五日付）は、当時の学長、佐野善作（一八七三～一九五二）の談話を以下のように報じている。

昭和初期の国立駅付近　（くにたち郷土文化館所蔵）

移転と同時に小学校を開いて付近の子弟や新移住者のために初等教育の道を完備し、行々は中学校、高等女学校等をなるべく本学に縁のある人々の手で開設し、学校町の体裁を整えたいと、これは個人的にだが、考えて居る。最も憂慮に堪へぬのは、土地が俄に開けるのに伴つて色々の如何はしい営業者の入込むことである。これについては経営者なる土地会社とも相談し、その筋とも連絡を取って、完全にその侵入を防止して貰ふつもりである。娯楽機関は勿論結構、沢山開いてほしいが、但しこれも大学都市にふさはしい上品なものを心掛けて貰はねばならぬ。(1)

当時の分譲地販売広告にも、「大学町は学校を中心とした平和にして静かな郊外理想郷ですから工場や風儀を乱す営業は絶対にお断りせねばなりません」(2)という記述が見られる。国立のまちづくりには、「学園都市」としての環境にこだわりたいという関係者の強い意向が開発当初から反映されていたことがわかる。

第二次世界大戦中、近隣の立川で軍需工場が拡大したり、疎開者が流入したことなどにより、この地域の人口は増えはじめた。戦後まもない一九五一（昭和二六）年四月、谷保村は「国立町」として町制施行される。折しも、国立町では、文教地区(3)の指定をめぐって、まちを二分するほどの大きな論争が起きていた。

一九五〇（昭和二五）年にはじまった朝鮮戦争で、立川の米軍基地には大量のアメリカ兵が駐留し、周辺地域には、兵士たちを商売相手とする店が建ち並びはじめていた。国立でも、アメリカ兵を相手にする女性たちが街娼として駅前に立つ光景が見られたり(4)、下宿屋がホテルに看板を

---

(1)　国立市史編さん委員会編（一九九〇）『国立市史（下巻）』一〇二ページ。
(2)　渡辺彰子（二〇一五）『国立に誕生した大学町―箱根土地（株）中島陟資料集』株式会社サトウ、一七一ページ。
(3)　東京都文教地区建築条例により、風俗営業、ホテル、旅館、劇場など、一定の建築制限、または禁止をされた地区を指す。

塗り替えたりするようになったという。(5)

こうした事態を深刻なものと捉えた住民たちは、「国立町内の浄化運動」と「文教地区への指定」を目的として、一九五一(昭和二六)年五月に、「国立町浄化運動期成同志会」(以下、「文教派」と表記)を結成した。活動の原動力になったのは、まちの有識者だけでなく、一橋大学の学生たち、そして子育て中の主婦たちであった。

『まちづくり奮戦記―くにたち文教地区　指定とその後』(くにたち郷土文化館、2000年)の表紙

当時の運動にかかわった人たちへの聞き取りを集めて二〇〇〇(平成一二)年に発行された『まちづくり奮戦記――くにたち文教地区　指定とその後』(くにたち郷土文化館による企画展の図録)には、当時学生だった関係者の証言として次のように書かれている。

ここで何とかしないと、国立が本当におかしな土地になってしまう。谷保村国立いうのは「ママ」、大学を誘致して町ができた所ですから、大学という、ものを学ぶ場所の環境が保全されなかったら、その存在感があり得ないということです。(6)

また、ある市民は、そもそも「浄化運動」の発端は母親たちにあったと述べている。

戦後すぐに、立川の基地に外人がどっと入ってきました。そのころはルールも何もなかったですし、戦争に負けたということで、乱暴されてもされてもどうしょう［ママ］もないという機運がありました。母に言わせると、逆に日本の男の人が中国に行って、きっと陵辱したり悪いことをしてきたから、日本でもそういうことをやられるのだと思ったと言っていました。現実には一橋とかがホテルの代わりです。そこらに避妊用のゴム製品が落ちていて、子供たちがそれを拾って口にくわえたりすることがあった。そういうことがいくつかあると、お母さんが心配します。そういったことが発端だったと思うのです。

母体になったのは、戦争中からある国防婦人会みたいなものだと思います。国立の特殊性で、

(4)　戦後、連合国軍最高司令官総司令部（GHQ）によって、建前上の公娼制度は廃止されたが、指定された区域内（赤線）での私娼は容認され、「自由意志」に基づく性売買は存続した。また、厳しい生活難を背景に、指定区域外での性売買も増加していた。赤線が「必要悪」と見なされる一方で、赤線区域外の街娼たちは「闇の女」として世間から非難の対象となっていた。戒能民江、堀千鶴子（二〇一九）『婦人保護事業から女性支援法へ——困難に直面する女性を支える』信山社、三〜一一ページを参照。

(5)　赤松宏一（一九五九）「国立町『火曜会』の町政研究活動」『都市問題』第五〇巻第一〇号、三四〜三五ページ。

(6)　くにたち郷土文化館編（二〇〇〇）『まちづくり奮戦記——くにたち文教地区　指定とその後』一〇ページ。

計画都市ですから、東・中の辺に一橋とか大学の先生が優遇されてきたようで、特に東には赤松先生、中館先生、甲野先生、福原先生というふうに学者がいらしたのです。普段はご専門も違うし、そんな話し合うこともなかったのですけれども、奥様たちはみんな親しかったわけです。今みたいにテレビのワイドショーを楽しむという時代ではなかったですから、お話をしたりするのが楽しみです。レベル的に合ったのでしょう。奥様から先生のほうにお話がいったか分かりませんけれども、私はそうかなと思います。みんな思春期の娘や息子がいて。当時は女性の地位が低かった。「女、子供の言うことは」という時代です。その女、子供が［国立では］非常に強かったのでしょう。(7)

こうした女性たちの中心にいたのは、当時、谷保村議会議員を務めていた松岡きくである。(8)『まちづくり奮戦記』には、「米兵相手のホテルが増えた東の婦人たちが、特飲街建設のうわさを聞きつけ、村議会議員の松岡きくに環境改善を訴えました」（一四ページ）とある。松岡の夫は、現在の国立市東にある応善寺の住職で、寺の本堂には大勢の人が集うことができるだけのスペースがあった。「浄化運動」の最初の会合は、ここの本堂で開かれている。

文教派は、町議会への請願のために、署名活動とビラ配りをおこなった。(9)学生たちが駅頭に立ち、女性たちが各家庭を回り、わずか一週間の間に約一万人もの署名を集めた。その勢いに圧倒された町議会は、「浄化運動」と「文教地区指定」の請願を可決した。

これに対して、ホテル業者や地元の商店主たちは、まちの経済発展に影響が出るのではないかという懸念から、「国立町発展期成同志会」（以下、「発展派」と表記）を結成し、文教地区指定への反対請願を議会に提出した。

発展派も、ビラ配りをしたり、駅前に巨大な立て看板を設置するなどして、業種規制の強化によって町の税収が減ることに対する懸念を訴えた。一部のホテル業者のなかには、主婦が在宅している日中、文教派の自宅へ脅しに行くなどといった嫌がらせをすることもあったという。(10)

一方、文教派は、大学関係者の人脈をいかしてマスコミや国会議員に働きかけたり、発展派の商店に対する不買運動を起こすなど、小さなまちにおける両者の対立は日に日に激しくなっていった。

---

(7)　くにたち郷土文化館編（二〇〇〇）『まちづくり奮戦記――くにたち文教地区　指定とその後』一二ページ。

(8)　女性参政権が実現した直後の一九四七（昭和二二）年に実施された第一回統一地方選挙で、谷保村議会には二名の女性議員が誕生していた。いずれも主婦で、松岡は国立地区在住、もう一人の成家サトは谷保在住であった。

(9)　赤松宏一（一九五九）「国立町『火曜会』の町政研究活動」『都市問題』第五〇巻、第一〇号、三五ページ。

(10)　くにたち郷土文化館編（二〇〇〇）『まちづくり奮戦記――くにたち文教地区　指定とその後』一七～二二ページ。

一九五一（昭和二六）年八月におこなわれた反対請願の審査委員会では、激しい応酬が連日続いたが、最終的にわずか一票差で不採択となった。その後、「文教地区の指定」が町議会で議決されて東京都に申請され、一九五二年一月六日、国立駅の南側と北側の一部（国立地区）が正式に文教地区として指定されたわけである。

文教地区指定をめぐる一連の動きは、住民たちの間に大きな葛藤を残したが、他方で、それぞれがまちの問題に真剣に取り組み、自治を考えるきっかけにもなった。文教派の大きな原動力となったのは、自分たちの教育環境を守りたいという学生たちの願い、子どもたちの安全を守りたいという親たちの切実な願い、そして、ようやく手に入れた住環境を守りたいという移住者たちの願いでもあった。

東京都内の文教地区のなかでも、住民運動によって指定を受けたという例は珍しい。自分たちがかかわることによって「まちを変えることができた」という経験は、その後の国立におけるまちづくりにも大きな影響を与えることになる。

ところで、「まちづくり」という用語は、当時、一橋大学教授とし

文教地区について学ぶ女性たちの集会（国立市公民館所蔵）

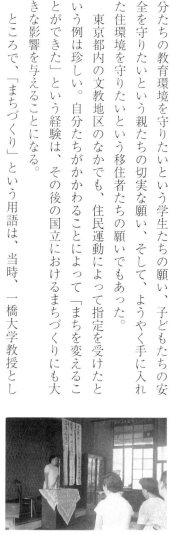

てこの運動をつぶさに見ていた増田四郎（一九〇八〜一九九七）が一九五二（昭和二七）年に発表した、「都市自治の一つの問題点」（『都市問題』第四三巻第二号）という論文で用いたのが初出とされている。市民が参加する「まちづくり」の概念は、まさにこの運動を通して生みだされたと言ってよいだろう。

増田は別の論考において、日本には西欧社会で語られる「市民（citizen）」という概念が根づいてこなかったことを論じたうえで、「大都市の目ざめた個人が、自分の属しているごく狭い範囲の共同体をでき得る限り一歩でも半歩でもよくしてゆくというコンミュニティーの倫理というか、モラルというものに目ざめてゆくことが最も大事なことではないか[11]」と述べている。

ここで言う「倫理」とは、どのようにすれば生活がよくなるか、あるいは悪くなるかという「目安」がつくことであり、それは「自分の生活の基礎」と具体的につながっている、と増田は述べている。つまり、市民参加のまちづくりとは、自分自身の日常生活と地域の課題とが密接につながっていることを認識し、それらの改善に主体的に取り組むことを指す、と言い換えることもできるだろう。国立の文教地区指定運動では、多くの住民が痛みを伴いながらそれを経験したのである。

（11）増田四郎（一九六八）『都市』筑摩書房、一九〇〜一九一ページ。

2 主婦たちのまちづくり

女性たちは、文教地区が指定されたあとも、まちのさまざまな問題に関心を寄せた。ドキュメンタリー映画『町の政治―べんきょうするお母さん』(一九五七年、岩波映画)には、当時の主婦たちが毎週集まって国立町の予算に関する勉強会を開き、自分たちの意見を政治に反映させようと取り組む様子が描かれている。勉強会では、毎回、以下の三つのルールが張り紙に掲げられていた。

一．この会では黙っている人がないように遠慮なく意見をのべること
一．納得できないことはその場で納得いくまで問いただすこと
一．意見が違ってもお互いに感情に走らずあとに残さぬこと(12)

第二次世界大戦が終わり、女性参政権が認められてからまだ一〇年ほどの時期である。抑圧の時代が長かったからこそ、民主主義の理念がわかりやすく詰まったこのルールが目に付くところに掲げられ、参加者の心に刻み込まれたのだろう。では、国立の女性たちは、まちの問題にどの

ように関心をもち、なぜ積極的に政治にかかわろうとしたのだろうか。

一九五二（昭和二七）年一月に文教地区が指定されると、運動を推進してきた「国立町浄化運動期成同志会」は、当初の目的を果たしたことから解散し、新たに「文教地区協会」が結成された。だが、運営の中核にいたのは男性たちで、会長を一橋大学学長、副会長を国立音楽大学学長と町長が務めるなど、「市民主導の組織」とは言い難いものだった。

また、一連の動きによって生じた文教派と発展派の対立は、その後もしばらく続いていた。一九五二年の夏には、国立町に置かれた自治体警察署(13)の存続について、財源不足を理由に町長が廃止を提案したところ、国家による統制強化を懸念する文教派がそれに反対し、住民投票がおこなわれた結果、廃止が決まるという顛末があった。さらに、一九五四（昭和二九）年には、立川市から出された合併の提案に町長が前向きの姿勢を示したが、文教派を中心に反対運動が起き、結果として白紙に戻るという出来事もあった。

---

(12)　時枝俊江（二〇一二）「初めての監督作品『町の政治』」丹羽美之、吉見俊哉編『岩波映画の1億フレーム』東京大学出版会、二六三ページ。

(13)　旧警察法（一九四七年制定）では、地方自治体の管轄下に警察組織が設置されており、財源も自治体の負担であったため、小規模な自治体の財政を圧迫する要因となっていた。

これらの運動における原動力の一つとなっていたのが、主婦をはじめとする女性たちである。文教地区の指定運動をきっかけに集まった有志は、一九五一(昭和二六)年一〇月に「くにたち婦人の会」を結成し、教育問題などを中心に活動を続けた。発足時の会員は八〇〇名を超えていたという(14)。黙っていればいつまでも不利益を被り続けるが、自分たちが動くことで身近な問題を変えていけると、女性たちは運動を通して実感するようになっていた。

文教地区に指定されたあとの国立町には、安心して暮らせる環境を求める人々が流入し、子どもの数が急増していた。その一方で、校舎は荒れ果てており、学校の数が足りないなど、教育環境の不備が露わになっていた。さらには、排水設備がないために、雨が降るとまちが水浸しになるなど、都市としてのインフラにも不備があった。映画『町の政治』には、生活困窮した家庭の教材費をPTAが負担していたり、子どもたちが小学校へ行く途中、遮断機のない踏切を渡る様子などが描かれている。

そこで、自分たちの意見を町政に反映して、まちをもっと住みやすくしようと、「くにたち婦人の会」とPTAの有志約二〇名が毎週火曜日に集まり、国立町の予算を勉強する会をはじめた。「火曜会」と名付けられたこの勉強会では、自治体の予算をどのように判断するのか、予算が無駄に使われていないか、その分を必要な事業に充てることができないかなどを精査し、その成果を、「町の予算」というパンフレットをつくって配布した。

当時の映像には、メンバーが広告の裏紙を使って慣れない割り算と格闘している姿や、コンパスの代わりにお盆を使って予算の内訳を示す円グラフを描いていたという逸話が紹介されている。パンフレットの第二弾として作成された「予算のムダ探し」には、以下のような文章が書かれている。

木炭、煉炭、薪、石炭の数量（役場費の燃料費のところ）を調べていた私どもの会員の一人は、これだけの燃料費なら、役場の中は暑くて汗を流しているのではないかしらん、と驚歎の声をあげました。また別の会員は、単価の安い夏の中に買つたならもつと安く手に入る筈だ、という結論になりました。

〝交際費はできるだけ少なく〟というのが、家庭をあずかる主婦の健全な常識であり、原則でありまます。これをどうして町や村に適用できないのでしょうか。町長とか議長とか委員長とかの交際費でなしに、役場の交際費、議会の交際費というように、それぞれの団体自体が使い途

（14）「くにたち婦人の会の歩み」一九七七（昭和五二）年一月一三日、国立市公民館所蔵。

を明らかにして使う交際費に限定すれば、ずいぶんと節減できるでしょう。

予算書をひらくと、あちこちに出てくるのが食糧費です。飲み食いに使われるお金は、極力やめねばなりません。それには議会の会議も役場のいろいろな会議も、定まった勤務時間内に行い、食糧費を使う機会を減すことです。会議もお茶菓子程度ですませるなら、その金額は僅かで間にあうはずです。[15]

このように「火曜会」の主婦たちは、日常生活のなかで培ってきた感覚をもとに、町全体の予算や財政への理解を深め、具体的な提言をおこなった。「火曜会」自体は、その後、メンバーのなかから町議会議員が選ばれたことを機に自然解消していくことになったが、まちの女性たちは、災害の被災地支援や原水爆禁止の署名など、国立町のことだけでなく、国全体の問題にも関心を広げていった。

「火曜会」の様子（国立市公民館所蔵）

「くにたち婦人の会」（国立市公民館所蔵）

3 公民館に集った人々

住民たちの運動が活発になると、「活動の拠点が欲しい」という声が増えてきた。戦後、社会教育法に規定された公民館は、主に農村を基盤とする社会教育施設であったが、国立町でも、「くにたち婦人の会」などの地域団体から公民館の設置を求める要望が高まり、一九五五（昭和三〇）年一一月、廃止された自治体警察署の建物を転用して「国立町公民館」が開設された。

学問や知識がまだ一部の人たちだけにかぎられていた時代、公民館は市民たちの重要な学習の場となり、国立における多様な市民活動の拠点にもなった。前述した「火曜会」をはじ

（15）赤松宏一（一九五九）「国立町『火曜会』の町政研究活動」『都市問題』第五〇巻、第一〇号、三七〜三八ページ。

開館当初の国立町公民館（国立市公民館所蔵）

めとする女性たちの活動も、この公民館を拠点としておこなわれている。

また、政治、経済、文学、教育、自然科学などをテーマに、各界の識者を招いた連続講座も開催された[16]。講座では、生活史やフェミニズムといったテーマも取り上げられ、「主婦の生き方について」(一九五八年)、「婦人と社会」(一九六九年)、「女の戦後史」(一九七一年)、「女性解放の思想」(一九七二年)などの講座が開かれている[17]。

さらに、一九六六(昭和四一)年から一九七二年にかけて開催された「市民大学セミナー」は、受け身の講義だけでなく、参加者自身が積極的に発信し、討論する場として企画されたものである。そのなかの一つとして一九七一年に開講されたのが、「私にとっての婦人問題」である。

このセミナーは、女性たちが自分自身について語り、お互いの物語のなかから共通する課題を見つけることを通して、女性たちを取り巻く抑圧を認識し、それに対峙することを目的としておこなわれた。その記録は、国立市公民館市民大学セミナー『主婦とおんな—国立市公民館市民大学セミナーの記録』(未来社、一九七三年)として出版され、そのなかには参加者による下記のようなレポートも収められている。

私にとってこのゼミでの最大の収穫は、一般的常識の範囲内でしか生きることを考えられなかった私が、そのワクの点検をはじめ、自分の手で、また仲間との連帯によって、少しずつでも実際の生活を変えうるのではないかと考えるようになったこと。それは、困難な状況のなかでも、自分自身をごまかさず、真剣に生きようとする多くの仲間が居るということで勇気づけられ、励まされてきたものだと思います。(18)

(16)　一九五七（昭和三二）年から一九六四年までは「現代教養講座」、一九六五年から一九七二年までは「市民大学講座」として開催された。

(17)　女性史研究家のもろさわようこ（一九二五～二〇二四）や、評論家の樋口恵子、社会福祉学者の一番ケ瀬康子（一九二七～二〇一二）など、当時の婦人問題の第一人者が講師を担当した。また、公民館内に設置された「保育室」の活用は、先進的な取り組みとして全国から注目を集めた。保育室は、専業主婦が安心して講座に通えるようにすることに加えて、子どもたちにも多様な経験を提供し、親と子が一緒に成長することを企図したものである。保育付きの講座は、現在も「女性のライフデザイン学」という名称で継続されている。

(18)　国立市公民館市民大学セミナー（一九七三）『主婦とおんな――国立市公民館市民大学セミナーの記録』未来社、一八四ページ。

『主婦とおんな―国立市公民館市民大学セミナーの記録』（未来社、1973年）の表紙

こうした学習の場に集まった女性たちは、自らが女性であることによって抱え込んできた問題は決して個人的なものではなく、社会構造に埋め込まれている差別の問題なのだ、と認識するようになった。そして、仲間とともに、地域のなかでそれを克服するための行動へと歩みだしていく。

折しも、このセミナーが終了した一九七二（昭和四七）年は、第2章で見るように、国際社会でジェンダー平等に向けた大きな一歩が踏みだされた年でもあった。国立市でも、性差別の撤廃と女性の社会参加の促進に向けた動きが徐々にはじまっていくことになる。

ところで、前述した映画『町の政治』の監督を務めた時枝俊江（一九二九～二〇一二）は、後年、公民館で開催された学習会において、作品のなかで撮りきれなかったことについて以下のように語っている。

文教地区に指定され、ホテルとか旅館が建築条例で営業できなくなると米兵を相手にしていた彼女たちが生活できなくなってこの町を追われて、もしかしたら隣の立川や福生に行ったかもしれないというような事態があった中でこのときの私は、『夜の女』と呼ばれた人たちに対してこの町が切り捨てていたことに全く気がついてなかったのです。(19)

(19)　「映画『町の政治』をふり返って――監督時枝俊江さんのお話から」『くにたち公民館だより』一九九三年一一月五日号。

第405号　くにたち公民館だより　1993年11月5日

映画『町の政治』をふり返って

監督　時枝俊江さんのお話から

映画「町の政治―勉強するお母さん」は、一九五七年制作で、国立町（当時）の母親たちのグループ・火曜会の活動を描いています。

国立町は一九五一年（昭和二六年）に、町の「浄化運動」、文教地区指定運動を経験し、その後引き続き住民の運動や活動が活発に行われ、一九五五年（昭和三〇年）の一一月には公民館も開館しました。

この映画は「子どもたちに良い環境を」と思ったことが動機になって、町の政治に関心を持っていった国立町の主婦たちの姿を描いて、政治とは手の届かぬところにあるものでなく、自分たちの力によってよくしていけるものだということを訴えたい」との願いでつくられました。

その映画の監督、時枝俊江さんが今年の二月にこの映画について現在考えていることをお話されました。その要旨をここに掲載します。

国立町は戦前に箱根土地（現西武）が開発して、一橋大学などができました。住宅地としては戦後拓けましたが、この映画が作られたのはその頃のものです。

後に資料で知ったのですが、この映画を撮った一九五五年頃、国立町のお隣の立川では、基地を拡張して飛行場を砂川町につくるということで、砂川の住民たちは反対をしていました。このできごとの前に朝鮮戦争があり、強制の測量が始まっていました。

立川基地が拡張され、朝鮮戦争で米軍の兵士が非常に増えて、その兵士たちを相手に夜を共に過ごして収入を得る女性たちのための旅館やホテルが国立町にもできたのです。そのときに、銭湯で女の子に性病がうつるという噂がたちました。この頃はまだ自宅にお風呂がある家は少なく、みんな銭湯に行っていましたから、銭湯で幼児が性病にかかるというのはショックだったようです。

そこで文教地区指定運動が起こったのです。

映画の撮影は国立が文教地区に指定された後だったので、そのことについてはフィルムではかいつまんでしか表現しておりません。

生き生きしていたお母さんたち

さて、私は、火曜会が誕生して一年目に見せていただいて、撮影を始めました。映画のなかにも出ていますが、火曜会には三つの約束があって、「①この会では黙っている人がいないこと。②納得がいくまで話し合うこと③意見の違いを感情のもつれに持ちこまないこと」と書かれた紙が壁に貼ってありました。私が二六歳から二八歳の頃にかけてこの映画をつくりましたから、映画に出演している火曜会の人たちは自分の母親くらいの年齢でした。彼女たちの活力というか威力には圧倒されました。

彼女たちはみんな家庭の主婦で、今と違って家事はたいへんな仕事でした。映画の中にも出てくるように服も自分で作り、布団の仕立て直しも家庭でし、毎日の食事の支度に七輪を使っていました。

映画づくりの方も、リヤカーで器材を運び、フィルムは感度が悪くて映りが悪く、今のように便利なものではありませんでした。私は、自分の意見ではなく、お母さんたちの言葉で、できるだけ事実を伝えたいと思って努力しました。これは、私にとって第一回の作品です。

撮影のために国立町にアパートを借りて住みました。その当時は、冷奴とさんまの開きが夕食のおかずという時代でしたが、近所の豆腐屋で豆腐を買った次の火曜会で「お宅、昨日は豆腐だったのね」と言われたりする人間関係が生きている時代でした。映画に出て来るお母さんたちは、とてもいい顔をしています。目も生き生きしており、活力に満ちています。

このときは教育委員が公選制でしたので教育長も教育委員も全部町の人が選んだ人たちでした。そこでは学校の問題は、命に関係あることをまず解決していこうと、解決していく順序をひじょうに明快に議論なさったようです。ですから踏切を越えて通学する子の安全や、天井が落ちてくるという危険から子どもを守るとかが第一で、教材費が足りないという問題の前に、条件の悪い方から満たそうということはみんなで納得なさっていたようです。

一生懸命町の教育費の予算の勉強をしているお母さんを画面で見ますと、一見、教育ママに見えると思いますが、自分の子どものことだけではなく、他の子どもたちやよその学校や町全体の教育やPTAについて考えているというところが、当たり前といえば当たり前ですが、私は素晴らしいことと思います。

気づいていなかった差別

次に監督である私自身の反省を述べさせていただきます。

文教地区に指定され、ホテルとか旅館が建築条例で営業できなくなると米兵を相手にしていた彼女たちが生活できなくなってこの町を追われて、もしかしたら隣の立川や福生に行ったかもしれないというような事態があった中で、このときの私は、「夜の女」と呼ばれた人たちに対してこの町が切り捨てていたことに全く気がついていなかったのです。それは、自分としてはとても恥ずかしく、このことに気づいたときから、この映画はあまり人に見てもらいたくないと思ったくらいです。

差別というものを無意識にしてしまうことを私は「無知」という言葉で言い替えたい。知性が無いし、非論理的だし、このことに関しては心が痛んでいます。そのことに当時気がついていないし、その視野を見逃していて、お母さんたちに提案できなかったことについては深く反省しています。

国立町に六カ月の間スタッフとアパートを借りていたときに、実は隣の部屋にオンリーさんが住ん

「くにたち公民館だより」第405号（1993年11月５日発行）より

当時、時枝は国立町にアパートを借り、そこに住み込んで映画の撮影をおこなっていた。隣に住んでいた女性とは食事を分け合ったりするよい関係であったが、ある日、「あなたたちは今日ずっと部屋にいるのか、これから彼が来るので出かけてほしい」と言われたことがあったという。隣人は、米軍の上級将校の相手をする女性だったのだ。

文教地区指定運動は、彼女のような女性たちを市外に追放し、まちを「浄化」することを目指す運動であったが、文教地区に指定されたあとも、彼女たちのなかには国立に住む者もいた。だが、映画を撮影していた当時の時枝は、この運動が一部の人たちを排除していたという側面を十分には認識していなかった。「そのことを後悔している」と、時枝は学習会で語ったのである。(20)

実のところ、文教地区指定運動のただなかで、のちの時枝と同じような思いを抱いていた者もいた。当時の文教派関係者への聞き取りのなかには、以下のような証言もある。

当時はまだ生活がすごく貧しくて、戦死者の家族とか引き揚げていらした方などは、小さいおうちの窓にピンクのカーテンか何かを下げて、パンパンといわれていた女の方たちに間貸しをして、生活費を稼いでいらした方があったわけです。それから零細な商店街とかそういう人を相手にしている。だから、文教地区運動というのは今の住民運動と少し違います。［略］あの当時はお互いの心が痛むという面があったのです。私はそれをすごく感じていました。それ

は忘れていただきたくないことです。お互いの生活圏を奪い合う面もあったのです。まだ貧しくて、本当にみんな生活が精一杯でしたから。そこへ、いわゆる一応恵まれたインテリの人たちが立ち上がったという感じです。(21)

かつて公民館に集った女性たちは、自らの生活を変えていくために、懸命に学びながら行動した。では、もっとも困難な状況に置かれていた女性たちはどうなっていったのだろうか。国立市のジェンダー平等に向けた取り組みを牽引してきたものの一つは、先に見たような女性たちの学習活動だったといえる。他方で、現在に至るまでには、こうした学習活動とは異なる多様な取り組みもあった。そして、その一部には、上記の証言に示されているような「心の痛み」を継承するものもある。以下の章では、時代を追いながらこのことを確認していきたい。

(20)　時枝の発言を受けて、学習会の参加者からは、まちの誇らしい歴史として記されてきた「浄化運動」を違う視点から見直そうという問題提起がおこなわれ、女性が戦争を前提とした基地の兵隊たちの性の犠牲になっていたことや、女性同士を隔てる差別意識を見つめる機会になったという。国立市公民館（二〇〇五）『くにたち公民館　50年のあゆみ』一〇六～一〇七ページ。

(21)　くにたち郷土文化館編（二〇〇〇）『まちづくり奮戦記――くにたち文教地区　指定とその後』二一一ページ。

第２章

「男女平等」に向けた施策のはじまり

国立市公民館の市民大学セミナー「私にとっての婦人問題」が終わり、メンバーたちが本の出版に向けた作業に取り組んでいた一九七二（昭和四七）年九月、ニューヨークの国連本部で開催されていた第二七回国連総会では、ある重大な決議がおこなわれていた。男女平等を促進するために、国際的な取り組みを開始することが提唱され、一九七五（昭和五〇）年を「国際婦人年」とすることが決定されたのである。

そして、一九七五年の夏、一三三か国の代表を集めてメキシコシティで開催された「第一回世界女性会議（国際婦人年世界会議）」において、女性の地位向上に向けた「世界行動計画」が採択された。その後、同年の第三〇回国連総会では、一九七六（昭和五一）年から一九八五（昭和六〇）年までを「国連婦人の一〇年」とすることが宣言されている。

さらに、一九七九（昭和五四）年には、「女子に対するあらゆる形態の差別の撤廃に関する条約（女子差別撤廃条約）」が採択された。

こうした動きを受けて、日本では一九七五年九月に首相を本部長とする「婦人問題企画推進本部」が総理府（現在の内閣府）に設置され、総理府内に「婦人問題担当室」が置かれた。そして、一九七七（昭和五二）年には、婦人問題企画推進本部によって「国内行動計画」が策定され、以後の一〇年間に実施すべき施策として、以下の五つが挙げられたのである。

❶法制上の女性の地位向上
❷あらゆる分野への女性の参加の促進
❸母性の尊重および健康の擁護
❹老後等の生活の安定の確保
❺国際協力の推進

全国の自治体でも「婦人問題」への取り組みが課題として認識されはじめ、行動計画が相次いで策定されていった。東京都は、一九七八（昭和五三）年に「婦人問題解決のための東京都行動計画」を策定している。女性たちによる運動も各地で盛り上がり、女性問題を学習するための講座が数多く開講されるようになった。

この時期、国立市ではどのような動きがあったのだろうか。

1 「国際婦人年」の時代

国立市における「婦人問題」への取り組みの端緒は、一九八〇（昭和五五）年、庁内に「婦人関係行政連絡協議会」が発足したことにあったと言ってよい。市役所の各部署から集まった女性職員一〇名ほどがメンバーであったという。このとき、婦人問題を担当する部署はまだ設置されていなかった。

その後まもなく、一九八二（昭和五七）年に策定された「国立市第一期基本構想・第二次基本計画」(1)に、初めて「婦人問題」が盛り込まれた。そこでは、「婦人問題を性差別、人権問題としてとらえ、この問題解決に取り組むことは自治体の重要な責務である」と明示され、「婦人問題解決のための施策の出発点になるのは、婦人の資質や能力に対する偏見の払拭とつくられた性別

(1)　基本構想とは長期的な視点からまちづくりの方針と目標を定めるもので、その実現のための具体的な施策や事業は、基本構想の下位に位置づく基本計画で定められる。通常、基本構想の策定ののちに第一次基本計画が策定され、数年後に第二次基本計画が策定される。国立市では一九七六（昭和五一）年に第一期基本構想が制定され、翌一九七七年に第一次基本計画が、一九八二（昭和五七）年に第二次基本計画が示された。そして、一九八六（昭和六一）年には第二期基本構想が発効している。

役割分業観の否定である」と述べたうえで、「この差別的分業観を否定する立場に立って、市民との相互学習のなかで、あらゆる施策の再点検を行いながら直ちに婦人問題への取り組みに着手しなければならない」（傍点引用者）と明言されている。

着手すべき具体的な取り組みとしては、行動計画策定に向けた「市民による企画推進会議」を設置すること、庁内の婦人関係行政連絡協議会を中心に、関連施策の総点検と行動計画策定のための調査活動をおこなうことなどが挙げられた。なお、同年、市議会でも行動計画実現の請願が採択されている。

かくして、一九八四（昭和五九）年六月に、市長によって「婦人問題行動計画策定委員会」が設置され、行動計画案の策定が諮問されることになった。委員の一部は、市民からの公募で選ばれている。

一九五〇年代から公民館での活動などを通じて婦人問題への意識を高めていた市民たちは、「ようやく機が熟した」という思いでこれを受け止めたのではないだろうか。少なからぬ市民が行動計画の策定に強い関心を寄せ、策定委員会の定例会を毎回熱心に傍聴した。定例会を傍聴するほか、策定委員会に手紙を書いたり、集会を開いて意見交換をすることもあった。

そうした市民の多くは、言うまでもなく女性であった。彼女たちは、すでにある程度強い問題意識をもって定例会の傍聴に臨んでいたわけだが、傍聴を続けるなかで、「悩みながらも真剣に」

議論する委員たちに対して「自分たちと同じ主婦であり、市民である委員たちがこんなにも一生懸命とりくんでいるのだから、まかせきりにしては申し訳ない」（傍点引用者）と思うようになっていったという。そして、策定委員会が「市民のつどい」や報告会などを開催した際には、有志の市民のなかに「ポスターづくりをかって出る者がいたり、手描きのポスターを手分けして貼ってまわったり、周囲の人たちに呼びかけて歩いたり」(2)する者が少なからずいたそうだ。

（2）引用は、村上早代子（一九九三）「生かそう！国立市婦人問題行動計画（案）」、女性問題くにたち市民会議編（一九九三）所収、八九ページ。

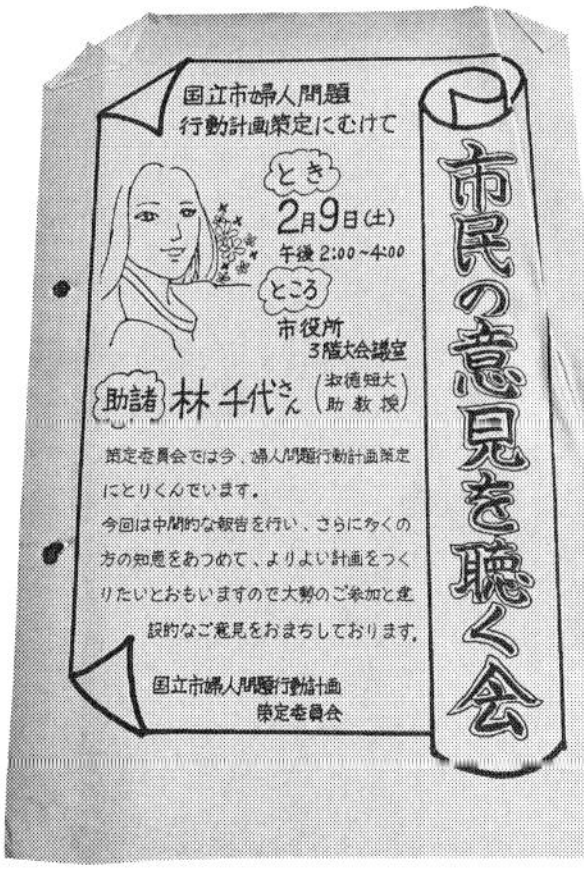

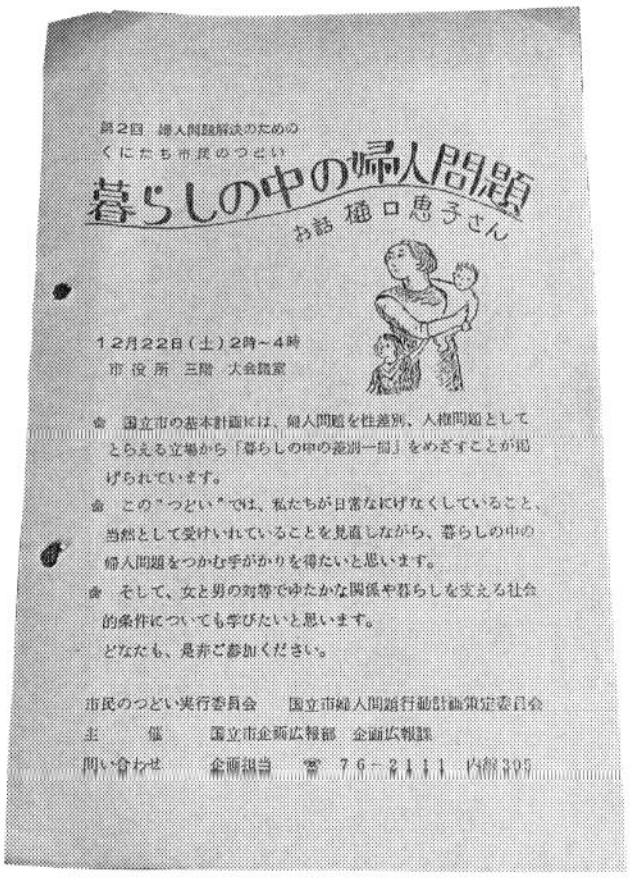

集会への参加を呼びかけるチラシ

「国立市婦人問題行動計画策定にむけて市民の意見を聴く会」（1985年２月開催）（国立市公民館所蔵）

「第２回　婦人問題解決のためのくにたち市民のつどい」（1984年12月開催）（国立市公民館所蔵）

のちにある委員が語ったところによれば、「夕食時の、主婦がいちばん出にくい時間帯なのに誰に頼まれた訳でもない人たちが毎回つめかけ、こんなにしっかり見守ろうとしているのだから、委員である自分達こそがんばらなくてはと、話し合っていた」という。こうした記録からは、策定委員会を見守る市民たちの間に、また市民と委員たちの間にも、「主婦であり市民である自分たち」という連帯感が育まれていたことがうかがえる。

このような動きのなかで作成された婦人問題行動計画案は、一九八五（昭和六〇）年四月に策定委員会から市長に提出された。そこでは、婦人問題は「性差別・人権侵害の問題」へと明確に読み替えられ、市民たちの手でその撤廃を目指していくことが謳われている。

とくに目を引くのは、一人ひとりの意識改革を導く学習機会の提供が重視されている点だ。行動計画案では、婦人問題の深刻さは「無自覚、無意識のうちに差別が再生産され、生活感覚や美意識までも差別的に染め上げられている」ことにあり、「制度や施設を整えていくことと併せて、一人ひとりの意識変革、そして、それを支え合う関係づくりを日常の暮らしの中にしっかりと位置づけていくことがとりわけ大切」であると指摘されている。

そして、それゆえに、「差別的に育てられてしまった自分を育て直していく自己教育・相互学習の輪をひろげ、ともに差別を克服していく方向で結び合う人々のつながりを編んでいくこと、社会的風土を醸成していくことを基本にお」くことが強調されているのである。

実際に、この行動計画案の末尾に「補」として付されている「計画の確立と推進にあたって」と題された文章には、「パート労働」、「母子福祉」といった課題への対策よりも、「それらに対してどのようにとりくむべきかの視点をあきらかにし、問題意識を育てる基盤を用意することに主眼を置きました」（傍点引用者）と明記されていた。

2 「婦人問題行動計画」の内容

行動計画とは自治体の政策の指針として策定されるもので、自治体がおこなう事業全般における方針を定めた基本構想・基本計画をベースに、さまざまな分野にわたって解決すべき課題と具体的な施策が盛り込まれるというのが通例である。婦人行動計画の策定にあたっても、市側では、国や東京都などの行動計画に倣って、領域ごとに施策を立てるという内容が想定されていた。

だが、策定委員会が提出した行動計画案は、個々の課題を克服するための具体的な施策や事業計画を示すものではなく、課題を一つ一つ検討しながら施策化していくために、「それを可能にする体制の構築」を提案するものだった。実情を十分に把握しないまま既存の領域ごとに施策を立てるのではなく、何を施策として立てるべきかをじっくりと検討するための体制をつくることに重きが置かれていたのである。

そうした検討体制をつくったうえで、具体的には、以下の事業を実施することが提案された。

❶学習会
❷相談活動
❸調査研究
❹市民が編集する新聞の発行
❺「市民のつどい」の開催
❻資料の収集・提供
❼婦人総合センターの建設

では、どのような体制を構築するべきか。行動計画案には、その柱となるものが二つ示された。その第一は、「性差別撤廃の立場に立った町づくりをめざして、全庁的にとりくむために、婦人問題担当室を設置する」こと、そして第二は、「〈市民主体〉の理念のもとに、よりよくおこなわれるために条例による市民委員会を常設する」ことである。

市民委員会の役割は、市の施策の点検と推進、業務の見直しや新たな施策の提案、実態をつかむための調査などにあり、婦人問題担当室は、行動計画推進に向けて庁内各部署に働きかけることを主な役割とする。各分野で解決すべき課題や具体的な施策は、市民委員会と婦人問題担当室が、市民と市の実情を把握したうえで明らかにしていくものとされていた。

市は、策定委員会による行動計画案の一部を改変・削除したうえで、一九八五（昭和六〇）年一一月に「国立市婦人問題行動計画――性差別撤廃の立場に立った人づくり・町づくりをめざして」を発表した。これは、国立市がジェンダー平等に向けて策定した初めての計画である。

計画に従って、一九八六年六月には「婦人問題市民委員会」が設置された。一〇名の委員は全員が女性で、国立市における「婦人関係施策」の具体的なあり方について検討するという役割を担うこととなった。

婦人問題市民委員会が一九八七（昭和六二）年一二月に市長に提出した答申「国立市における婦人関係施策の具体的なあり方について」は、「初めて、婦人問題の行政施策を総合的に体系化したもの」（『市報くにたち』第四七〇号、一九八八年一月五日発行）である。

提出された答申の冒頭に置かれた「はじめに」には、以下のような一文が掲げられていた。

> これまでの国立市をみると、一面では確かに活発な議論と活動がみられますが、市民相互あるいは市民と行政が互いに共感をもち、その任務を分担できる関係がつくられてきていなかったと思われます。今後、婦人問題解決のために幅広い市民と協同し、この施策を実現することを期待します。（傍点引用者）

また、「各種の市民活動は、市民の自由と自主性に委ねられる領域であるが、女性の市民活動への参加がさらに促進され、より実りあるものとなり、女性の意思が十分地域社会づくりに反映されるよう、行政の面からもその活動の促進と援助を図っていく必要がある」（四一～四二ページ）とも明記され、市民参加を前提として、女性たちの意思を反映したまちづくりを進めていくことを明確に示したものとなっている。

答申ではさらに、女性の労働環境の改善、女性高齢者や母子家庭への支援を軸とする女性福祉などに関する具体的な施策についても提言された。

市報くにたち　昭和63年1月5日発行　(2)

“男女平等と共同参加の社会”をめざして

婦人関係施策についての答申出る

市では、昭和61年6月、国立市婦人問題市民委員会（委員長・田邊照子明治大学教授）に、「国立市における婦人関係施策の具体的なあり方について」諮問しましたが、昨年12月3日、「答申」が提出されました。

答申は、女性に対する差別を排し、“男女の平等と共同参加の社会”を実現するために、

第1章　男女平等をめざす人間形成の推進
第2章　婦人の社会参加の促進
第3章　母性保護と健康の増進
第4章　家庭生活の安定と福祉の向上

と4章に分けて提言しており、初めて、婦人問題の行政施策を総合的に体系化したものとなっています。

また、第1章の教育・学習及び啓発の施策分野に重点を置くとともに、当面、女性が大きくかかわっている分野についても配慮しながら、女性の地位を向上させ、差別を具体的に解消する、女性の自立に視点を置いたところに特徴があります。

市ではこの答申を受け、婦人問題の解決を重要施策の一つとして、幅広い市民と協同し、取り組んでまいります。

なお、答申の概要は、『市報』2月号でお知らせします。

企画財政課婦人問題担当　内306

「市報くにたち」第470号（1988年1月5日発行）より

3 婦人問題担当の取り組み

行動計画では、市民委員会の設置とともに、「婦人問題担当室」を設置することが「計画推進のための柱」とされていた。これは、一九八七（昭和六二）年一〇月一日付で企画部企画財政課に「婦人問題担当」が置かれたことにより、ようやく実現した。とはいえ、当初は業務の規模が小さかったため、答申で提言された「担当室」ではなく、課のなかに担当職員が一名配置されるにとどまった。

初代担当として抜擢された小柴登志江は、かつて企画開発本部に在籍し、国立市第一期基本構想の策定過程に担当者として関与した経験があった。婦人問題行動計画が議論の組上に上る十数年前のことである。また、一九八〇年に庁内に設置された「婦人関係行政連絡協議会」にもメンバーとして参加していた。

第一期基本構想を担当していた当時の小柴は、市民との協働を積極的に進めようと奮闘していた。だが、そのことについて市幹部と意見の相違が生じ、結果として担当を外されるという苦い経験をしている。そうした経緯もあって、婦人問題担当に抜擢された際には、新たな事業に挑戦することや、市民とともに仕事をすることへの大きな期待を抱いていたという。

婦人問題担当の事業は、基本的には「国立市婦人問題行動計画」に掲げられた施策に沿っておこなわれた。小柴の着任後、一九八八（昭和六三）年に実施された事業としては、市民委員会答申を広く市民に紹介するためのダイジェスト版の作成、「男女の平等と共同参加を考えるQ&A」の発行、市内の各種団体に向けた女性問題関連の資料・情報提供の開始、乳がん自己検診法の講習会の開催などがある。

さらに同年、国立市教育委員会が「男女平等教育指導手引作成委員会」を立ち上げ、中央図書館では女性問題図書コーナーが設置されるなど、庁内の他の部署でも基本的な取り組みが開始された。

小柴はまた、複数のパネリストを招いたシンポジウムなども企画した。政策のヒントを得ると同時に市民の反応をつかむことができるシンポジウムは、ほかの自治体でも取り組まれていた事

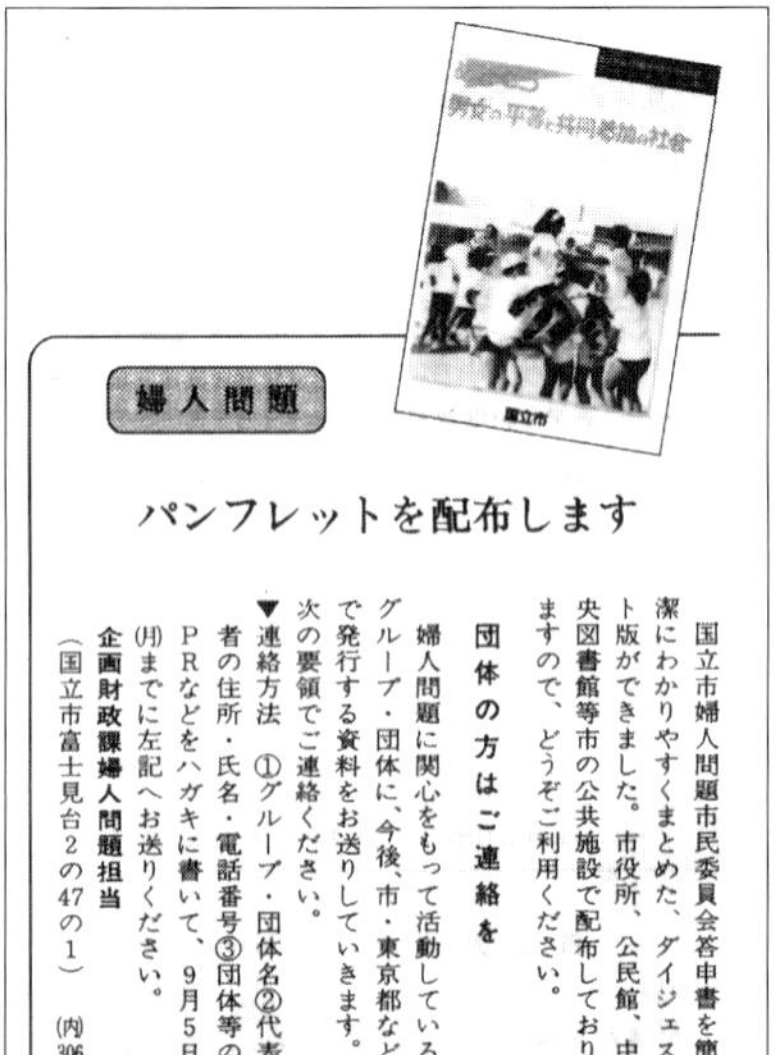

婦人問題

パンフレットを配布します

国立市婦人問題市民委員会答申書を簡潔にわかりやすくまとめた、ダイジェスト版ができました。市役所、公民館、中央図書館等市の公共施設で配布しておりますので、どうぞご利用ください。

団体の方はご連絡を

婦人問題に関心をもって活動しているグループ・団体に、今後、市・東京都などで発行する資料をお送りしていきます。次の要領でご連絡ください。

▼連絡方法　①グループ・団体名②代表者の住所・氏名・電話番号③団体等のPRなどをハガキに書いて、9月5日(月)までに左記へお送りください。

企画財政課婦人問題担当
（国立市富士見台2の47の1）(内)306

「市報くにたち」第478号（1988年8月5日）より

コラム 1　国立市の男女平等教育

国立市では、教職員組合の婦人部で活動する教師たちが、学校教育における男女平等の実現に向けて、比較的早くから活発な取り組みをおこなっていた。1980年代半ばから、運動会の種目や卒業式の入場順を男女混合にしたり、男女混合名簿を取り入れたりといった試みを一部の教員がはじめていたほか、1990（平成２）年には、国語教科書に掲載された児童文学作品に「男子は強く、女子は優しく」といった「性別特性論」が露骨に反映しているとして、出版社に見直しを要求したこともある。

1988年に国立市教育委員会の内部に立ち上げられた「男女平等教育指導手引作成委員会」は、1989（平成元）年に中学校版を、1991（平成３）年に小学校低学年版の「国立市男女平等教育指導手引」を完成させ、その後、小学校中学年版と高学年版も続けて作成しているが、「手引」作成の作業を実質的に担っていたのは、教職員組合で活動する教員たちだった。当時の国立市では、教育委員会、教職員組合、PTAの三者が互いに協力しながら、民主的な学校運営に取り組んでいたのである。

朝日新聞　1992年（平成４年）4月20

男女区別見直す手引き

国立市教委まとめる　ほめ方にも目配り

東京都国立市の教育委員会は、男女平等教育のための教師用「指導手引」をまとめ、今月、小学校の全教師に配布した。女と男の性の差について、生物学的なレベルと区別する「ジェンダー」の概念も解説、日常のなかで男女を気づかないまま分けてしまう「隠されたカリキュラム」も問い直す内容になっている。

男女混合名簿などに取り組んできた現場の教師らを中心に二年がかりでまとめた。「基本理念」「学校生活」「教科」「性の教育」の四章。今回は低学年用で、今後、四年計画で中高学年用をまとめていく。

「基本理念」では、「そうは言っても男と女は違う」という結論に流されがちなことから、「性差」についても解説。身体的・生物学的性別である「セックス」、社会生活の中で身につけていく後天的な性「ジェンダー」、性行為をめぐる行動を総称する「セクシュアリティ」の三つの概念を区別すべきだと指摘。

「ジェンダー」と「セクシュアリティ」は、作られた区別であり、性別役割分業と性差別につながっていく」としている。

「学校生活」の章では、教師の何げない発言や習慣が男女の差別意識を作ってしまう「隠されたカリキュラム」を問題提起。「区別は差別（につながる）」の視点から、出席名簿、学校で業者に一括注文する教材の男女別色分け、ほめ方・しかり方、学芸会の配役、運動会の男女別種目など、あらゆる面で「区別」をなくすことを求めている。

「性の教育」では、これまで「単なる管理教育」だったり、「性器教育」や性非行防止的な「純潔教育」になりがちだったと批判。性差別・性抑圧からの解放を目指す人間教育の「性の教育」を提唱している。

B5判、六十六ページ。

すもうだって男女一緒＝国立市の第七小学校で

国立市教育委員会が作成した男女平等教育指導手引について報じた新聞記事（朝日新聞、1992年４月20日）

業である。大きなイベントは担当者一人では開催が難しかったが、他の部署の職員が快く手伝ってくれたという。一九九〇（平成二）年度からは「フェミニスト・フォーラムくにたち」という名称を付け、市民による企画委員会を立ち上げて、市民とともに企画と運営をおこなう体制をつくった。

また、「婦人問題意識調査」（一九八九［平成元］年）、「国立市職員の女性問題意識・生活実態調査」（一九九〇年）などの調査も、婦人問題担当の主導で実施された。同じ時期に、市民部産業振興課による「正規従業員及びパートタイマー等の労働条件実態調査」（一九八八［昭和六三］年）もおこなわれている。働く女性の人権や労働権を守ろうという機運が高まっていたころで、一九八九年には、「セクシャルハラスメント」という用語が「新語大賞」を受賞している。

さらに、一九九〇年三月には、「婦人問題パンフレット」として『くにたちウィ・アー』を創刊した。毎回、異なるテーマのもとでさまざまな生き方、考え方を紹介し、市民の関心を喚起しようとするものだ。

『ウィ・アー（We are）』という誌名は、「女性も男性も、ともに婦人問題の解決にむけて考え行動していくこと」を目指してつけられたという。カラー写真が多く掲載された冊子で、市役所、公民館、図書館などで希望する市民に無料で配付された。全国の自治体から送付依頼を受けることもあったという。

設置されたばかりの婦人問題担当によるこうした事業や、婦人問題市民委員会の活動に対しては、厳しい見方をする市民グループもあったが、それはかつて各地に見られたような抵抗型の住民運動とは異なり、市民と行政が目標を共有し、互いに協力しながら努力を重ねることを目指すものだった。文教地区指定運動の時代から続く「市民参加のまちづくり」は、こうした形でも継承されていたといえる。

4　「国立市男女平等推進計画」の定着

一九八九（平成元）年に設置された「第二期婦人問題市民委員会」は、翌一九九〇年四月、第二期基本構想・第二次基本計画に盛り込むべき内容、および「婦人問題」の呼称について、市長から諮問を受けた。当時、「婦人」という用語を「女性」に換えようとする動きが生じてお

「くにたちウィ・アー」創刊号から第10号までの全号の表紙

り、同年に開かれた総理府の婦人問題企画推進有識者会議でも、このことが議論されていた。
一一月に提出された第二期婦人問題市民委員会の答申では、「婦人問題」を「女性問題」という呼称に統一することが提案されている。「婦人」とは、既婚の成人女性をイメージさせる言葉だが、「女性」は年齢にかかわりなく使われ、「男性」の対語でもあること、「婦人問題」は女性のライフサイクルのすべてにわたって存在していることから、男女がともに自立し、連帯する社会の実現をめざすには、「婦人問題」よりも「女性問題」という呼称のほうがふさわしいというのが、その理由である。答申は、冒頭でこのことを説明したうえで、以後は「女性問題」という呼称を用いて記述されている。

この答申の内容は、基本的には一九八七（昭和六二）年に出された前回の答申を踏襲したものだったと言ってよい。また、女性問題解決のための基本理念の一つとして、「女性の意思が行動力となって鼓動するまちをめざす」ことが掲げられている。そして、これまでの国立市の取り組みについて、「行政施策推進にあたって、女性の地位向上と女性問題解決のために、市民レベルと行政レベルがどのように連携していくべきか、という早急に解決しなければならない課題が残されている」と明記されている。

答申は一九九一（平成三）年からの国立市第二期基本構想・第二次基本計画に反映され、さらに一九九三（平成五）年には、第二次基本計画における女性問題施策を事業化したものとして「国立市男女平等推進計画」が策定された。

その後、第三期基本構想・第一次基本計画の発効に伴い、一九九六（平成八）年一一月に「第二次男女平等推進計画」が策定されているが、第二次計画に向けた議論は、市民委員会ではなく、庁内各部の部長による庁内組織として一九九一（平成三）年に設置されていた「男女平等推進会議」でおこなわれた。

また、一九九六（平成八）年四月には、市の企画部企画財政課に置かれていた女性問題担当が企画係の配置となり、専任の担当者がいなくなった。男女平等推進計画が事業として定着しつつあったなかで、かつて「婦人問題行動計画」のもとで設置された婦人問題市民委員会と婦人問題担当は、ともに姿を消したのである。

ところで、この間、国際社会ではさまざまな動きがあった。「国際婦人の一〇年」の最終年にあたる一九八五（昭和六〇）年には、ナイロビで「第三回世界女性会議」が開催され、女性に対する差別がなお残る現状に対して、「女性の地位向上のためのナイロビ将来戦略」が採択された。

そして、一九九五（平成七）年に北京で開催された「第四回世界女性会議」では、男女平等と女性の地位向上およびエンパワーメントに向けて、あらゆる障害を取り除いていくことが宣言された。このとき、日本からはセクシュアル・ハラスメント被害者を支援する団体や、女性の再就職問題に取り組む団体、自治体職員や地方議員、ジェンダーについて学ぶ主婦などといった幅広い層の人々が参加し、議論の成果をそれぞれの現場に持ち帰っている。

国内では、一九八五（昭和六〇）年に男女雇用機会均等法が制定され、同年に女性差別撤廃条約も批准されている。また、一九九二（平成四）年には、内閣官房長官が初めて婦人問題担当大臣に命じられ、一九九四年、総理府内に「男女共同参画室」が設置された。

この時期、全国の多くの自治体で、女性の地位向上や男女共同参画を進めるための拠点として「女性総合センター」や「女性センター」という名称の施設が続々と造られている。そして、一九九九（平成一一）年六月には、「男女共同参画社会基本法」が施行された。

だが、国立市では、市議会で「女性センター」設置についての提案はあったものの、実現に向けた具体的な動きは生じなかった。折しも、一九九九（平成一一）年五月、東京都初の女性首長として上原公子市長が就任したばかりであった。以前から公民館などを拠点とする女性たちの活動は活発におこなわれており、新たな施設を求める声はさほど大きくはならなかったのかもしれない。

とはいえ、二〇〇〇年代に男女共同参画をめぐる市の取り組みがさほど進まなかった理由は、ほかにもあったと考えられる。たとえば、一九九〇年代末までの国立市では、「よい教育をつくる」という志のもとで教育委員会と教職員組合の間に協力関係が構築されていたが（三七ページの**コラム1**参照）、そうした関係は二〇〇〇年代に入る頃には変質し、男女平等教育の取り組みも後退することとなった。

その背景には、男女共同参画社会基本法の成立後に全国で激しいバックラッシュが起こっていたこと、そして、石原慎太郎都政のもとで教育行政が保守化の傾向を強めていたことなどがある。国立市で女性問題への取り組みを続けてきた市民の多くはPTA連合会で活動する保護者でもあったが、それもまもなく解体され、以前のように市民が活発に声を上げる場面は減っていった。

それでも、市の男女平等推進計画にストップがかかったわけではない。二〇〇一（平成一三）年八月には、新たに「国立市女性問題市民委員会」が設置され、二〇〇二年三月にはこの委員会の答申をふまえて「第三次男女平等推進計画」が策定されている。

第三次計画では、重要課題として就労環境の充実、職場におけるセクシュアル・ハラスメントの防止、ドメスティック・バイオレンス（DV）の防止が掲げられるなど、以前よりも踏み込んだ内容が盛り込まれた。当時、女性への暴力やセクシュアル・ハラスメントが大きな社会問題となっており、二〇〇一（平成一三）年四月には「配偶者からの暴力の防止及び被害者の保護等に関する法律（DV防止法）」が成立していた。

その後、女性問題市民委員会は、二〇〇五（平成一七）年に第三次男女平等推進計画の進捗状況の点検・評価をおこなっている。こうした計画の進捗状況を市の外部組織である市民委員会が評価するという試みは、東京都内では初めておこなわれたものだった。

このときの評価の結果をふまえて、二〇〇六（平成一八）年には「第四次男女平等推進計画」が策定された。第四次計画も、市民委員会による計画案の答申をもとに策定されたものであったが、それに先だって策定された第四期基本構想に対して、市民委員会は計画案答申のなかで苦言を呈している。

すなわち、第三次計画の評価答申において、市民委員会は次期の基本構想に「男女平等の視点をより明確に盛り込むこと」を提言していたのだが、策定された第四期基本構想の内容はそれとは大きく隔たっており、「けして満足できるものではなかった」とはっきりと述べているのだ。

こうした厳しい見方をふまえて、その後、二〇一六（平成二八）年に「第5次男女平等・男女共同参画推進計画」(3)が策定されることとなった。この計画のもとで二〇一八（平成三〇）年に制定されたのが、「国立市女性と男性及び多様な性の平等参画を推進する条例」である。

第四次計画と第5次計画の間には、注目すべき大きな変化があった。第一次から第四次までの国立市男女平等推進計画の内容は、概ね次の五つの課題を柱としていた。

❶男女平等の意識づくりと拠点づくり・男女平等観に立つ人間形成を進める教育・学習の充実
❷あらゆる分野への男女共同参加の促進
❸職場における男女平等の実現

❹男女の自立と積極的な生き方を支援する福祉の向上
❺性の尊重と男女平等の視点に立った健康支援

こうした構成は、少しずつ表現を変えながらも、一九九三（平成五）年の第一次計画策定時から第四次計画期間終了時の二〇一五（平成二七）年まで一貫して継続されてきたのだが、二〇一六（平成二八）年策定の第5次計画では構成が大きく変更されている。「基本目標」として、以下の三点が計画の大きな柱となったのである。

❶性別役割分担意識の解消（自分らしい生き方の選択）
❷差別・排除・暴力の撤廃（DV、ハラスメント、複合差別（人権、民族、階層、しょうがい、性など複数の要素が複合的に結び付いて起きる差別のこと）の防止と被害者支援
❸「多様な性」の尊重（性的マイノリティへの支援）

第四次までと比べてみると、かつての課題の多くが「基本目標①」に統合されていることがわ

（3）　国立市の男女平等推進計画の名称はこのとき若干変更され、「第〇次」の数字がアラビア数字の表記となり、「男女平等推進」は「男女平等・男女共同参画推進」となった。二〇二四（令和六）年からは「第6次ジェンダー平等推進計画」という名称になっている。

コラム2 国立市の「しょうがいしゃ運動」

国立市では、「しょうがい」、「しょうがいしゃ」というひらがな表記を用いている。「障害」の「害」にはマイナスの印象がつきまとうため、新しいイメージを求めてこうした表記が採用された。

その背景には、1970年代から続く「しょうがいしゃ運動」がある。重度しょうがいしゃが生活する施設の厳しい管理や虐待に抗議し、退所して地域で暮らそうと決意した当事者によってはじめられたものだ。国立市で発足した「かたつむりの会」（現在は「NPO 法人　ワンステップかたつむり国立」）は、施設ではなく地域で当たり前に暮らすことを望むしょうがい当事者への支援活動をおこなってきた。この会を頼って全国から多くの当事者が国立市に移り住み、自立生活のトレーニングを積んだのち、各地で自立した生活を実現させている。

国立市は、国の制度では足りない部分をカバーする独自の福祉サービスを提供し、地域で自立して生活することを支援してきた。2005（平成17）年には、全国に先駆けて「しょうがいしゃがあたりまえに暮らすまち宣言」を制定している。この宣言は、市議会に対する陳情をきっかけに、市民公募による検討会を設置して作成したものだ。検討会には約40名が参加した。

国立市《くにたちし》では、これまで、平和《へいわ》を願《ねが》い、人権《じんけん》を大切《たいせつ》にする市民一人《しみんひとり》ひとりが、しょうがいしゃの「地域《ちいき》で暮《く》らしたい」という思《おも》いと向《む》きあってきました。

それは、しょうがいのある人《ひと》もない人《ひと》も、自分《じぶん》の選《えら》んだ地域《ちいき》で、自分《じぶん》らしい生《い》き方《かた》を実現《じつげん》できるよう、お互《たが》いに理解《りかい》し、共感《きょうかん》しあい、支《ささ》えあい、関《かか》わってきた歴史《れきし》であり、私《わたし》たち市民《しみん》の貴重《きちょう》な財産《ざいさん》です。

私《わたし》たち国立市民《くにたちしみん》は、これからも学《まな》ぶ、遊《あそ》ぶ、働《はたら》く、住《す》まう、憩《いこ》うなど、暮《く》らしのあらゆる面《めん》にわたって、共《とも》に出会《であ》い、育《はぐく》み合《あ》える差別《さべつ》のないまちでありつづけるために、ここに「しょうがいしゃがあたりまえに暮《く》らすまち」を宣言《せんげん》します。

2005年《ねん》4月《がつ》 国立市《くにたちし》

現在では、「当事者参画」と「ソーシャル・インクルージョン」（すべての人が社会の一員として包み支え合い共に生きること）は、2019（令和元）年に制定された「国立市人権を尊重し多様性を認め合う平和なまちづくり基本条例」のもと、国立市のあらゆる施策を貫く理念となっている。

かる。また、かつては「性の尊重と男女平等の視点に立った健康支援」のなかに含まれていたDV対策と性の多様性に関する課題が、それぞれ独立して基本目標となった。なぜ、このように変化したのだろうか。

その背景には、二〇〇三（平成一五）年に「性同一性障害特例法」が成立したこと、二〇一〇（平成二二）年に策定された国の「第三次男女共同参画基本計画」において性的指向や性自認について明記されたこと、二〇一一年に国連人権理事会で「人権、性的指向および性自認」決議（SOGI人権決議(4)）が採択されたことなど、国内外における大きな変化があった。

これらに加えて国立市では、二〇一四（平成二六）年から二〇一五年にかけて、「市民参加のまちづくり」を彷彿とさせるいくつかの出来事が生じていた。それらは、現在の国立市の先駆的な取り組みがなぜ実現したのかを物語るものでもある。第3章では、その経緯について見ていくことにしよう。

（4）　SOGIとは、Sexual Orientation（性的指向）とGender Identity（性自認）の頭文字。

第3章

ジェンダー平等のための条例をつくる！

1 「ふくふく窓口」での出来事

二〇一四（平成二六）年秋のある日、国立市役所の「福祉総合相談窓口」（通称「ふくふく窓口」）に一人の市民が相談に訪れた。インテーク（最初におこなわれる聞き取り）の際に用いられるシートに必要事項を記入してもらう。記入されたシートを受け取った職員は、内容を見て一瞬戸惑った。そして、恐縮しながらこう問いかけた。

「申し訳ありません……これは、どういう意味なのでしょうか？」

同年四月に新設されたばかりの「ふくふく窓口」は、「複合的な生活課題のある相談」や「市役所のどの部署に相談したらよいか分からない相談」を受け付ける相談窓口である。翌二〇一五（平成二七）年に「生活困窮者自立支援法」が施行されるのに先駆けて、市の健康福祉部福祉総務課のなかに設置されたもので、生活保護や高齢者福祉、しょうがいしゃ福祉に対する経験が豊富な職員七名（うち嘱託員四名）が配置された。

生活困窮の背景には複合的な課題があって、経済的な支援だけでは対応できないものが多い。支援を必要とする人が置かれた複雑な状況を十分に理解したうえで、総合的な支援を提供することが求められている。設置当初は、滞納した税金の徴収をおこなう部署や生活保護の窓口で意に沿わない対応をされたのちに「ふくふく窓口」を訪れる相談者もいた。

近隣の騒音に関する相談や、家族の関係についての相談など、一見すると生活困窮とは関係なさそうなものもあるが、どのような相談であっても、経済的な不

国立市役所の「ふくふく窓口」

安や困りごとと何らかの形でつながっているものだ。

「生活困窮者自立支援法」の施行にあたって厚生労働省が自治体の担当者向けに開催した説明会では、想定される支援対象者の特性についても解説があった。ひきこもりや虐待被害者、ひとり親家庭などのほか、性的マイノリティもそこに含まれていたのだが、開設準備のためにこの説明会に参加していた国立市の「ふくふく窓口」担当職員は、それを聞いて思わずはっとしたという。経済的困窮やＤＶ、性暴力被害などの困難に陥りやすい人々については勉強し、経験も積んできたが、性的マイノリティについては十分に理解していないことに気づいたからだ。

それ以前にも、福祉の相談に来る市民のなかには性的マイノリティの当事者がいたにちがいない。だが、自分たちはそのことを十分には意識していなかったのではないか。こうした反省を込めた課題意識が、担当職員たちの心の中でくすぶりはじめた。

そして、「ふくふく窓口」の開設から数か月後のある日、一人の市民が差しだしたインテーク・シートが、職員たちが行動を起こす直接のきっかけとなった。シートの性別欄には、「ＭｔＦ」と記入されていた。

「申し訳ありません……これは、どういう意味なのでしょうか？」

職員の質問に、この市民は静かに答えた。

ＭｔＦ《エムティーエフ》（Male to Female）とは、出生時の戸籍上の性は男性だが、性自認は女性であり、女性として生活することを望んでいる人を指す言葉である。この市民は、自らの性のありように起因する生活上のリスクに大きな不安を抱えて、「ふくふく窓口」に相談に来たのだった。

担当職員たちは、勉強不足を深く反省するばかりであった。インテーク・シートの性別欄を「男・女」の二択ではなく自由記述形式にしていたのは、性的マイノリティの人々からの相談があることを想定してのことだったが、実際にどのような相談が寄せられるのか、それに対してどのように対応すればよいのか、具体的な想定がまったくできていなかったのである。

職員たちはすぐに、適切な知識を身につけるための勉強会を企画した。講師に「NPO法人共生社会をつくる性的マイノリティ支援全国ネットワーク」の代表理事である原《はら》ミナ汰《た》と、「東京メンタルヘルス・セクシュアリティセンター」の心理カウンセラーである熟田桐子《じゅくたきりこ》を迎えて同年一一月二六日に実施されたこの勉強会は、性的マイノリティ当事者がどのような困りごとを抱え、どのような支援を求めているのかに焦点を当てたものだった。

福祉総合相談係が主催した勉強会ではあったが、「ふくふく窓口」の担当者だけでなく、高齢者福祉、しょうがいしゃ福祉、生活保護など、さまざまな福祉相談を担当する職員二〇名以上が参加した。

講師を務めた心理カウンセラーの熟田は、自身がトランス女性（出生時の戸籍上の性は男性だが性自認は女性で、女性として暮らしている）である。勉強会では、自らの経験をふまえて、職員たちからのさまざまな質問に応じた。このときのことを熱田は次のように振り返っている。

トランス女性として生きてきて、やっぱりこう、「こういうところはこういうふうに配慮してくれたら嬉しい」とか、そういうことを自分なりの言葉で伝えて。職員さんからも、「こういうときにはどういうふうにしたらいいんでしょう」っていう質問が来たときには、自分なりの答えを返したりして。

なんかとても、その勉強会はポジティブで、すごく明るく、楽しいものだったんですね。職員さんからの質問も、すごく熱いものがあって、その当時者の人を何とかしてあげたいっていう気持ちがすごく伝わってきたので、私たちも真摯な気持ちで、一つ一つの質問に答えて。すごくいい時間が、そこで過ごせたんですよ。

福祉総合相談係のこうした取り組みは、「ふくふく窓口」の設置と同時期に市長直轄の市長室に新設されていた「男女平等・人権・平和担当」にも共有された。性的マイノリティに関する知識は、福祉窓口で相談業務にあたる職員だけに求められるものではなく、庁内全体でしっかりと学ぶべきものである。市長室は、すぐに全庁を対象とする職員研修の準備にとりかかることになった。

ところで、ちょうどこの年の夏、渋谷区と世田谷区では全国初となる同性パートナーシップ制度の創設に向けた検討が開始されていたが、実は国立市でも、当時の佐藤一夫市長と性的マイノリティ当事者との交流がはじまっていた。市内在住だったLGBTアクティビストの東小雪《ひがしこゆき》ら三名が、二〇一四年一一月中旬に市長と面会を果たしたのである。

このとき東らは、性的マイノリティの現状と市への提言についてレクチャーをおこなった。その提言には、職員研修の必要性やパートナーシップ証明制度の導入なども含まれていた。レクチャーには、佐藤市長のほか、永見理夫副市長（当時）、市職員や市議会議員ら総勢一四名が参加している。終了後、市長は、「今日は、国立市役所がLGBTについて考えはじめる歴史的な日になった」と述べたという。

とはいえ、このときすでに福祉総合相談係の勉強会は企画されており、その翌週に実施されることになっていた。以後、国立市では、当事者のニーズに沿った支援のあり方について、市長室を中心に少しずつ検討が進められていくことになる。同年一二月の市議会定例会でも、職員研修の実施が提案された。

そうした動きのなか、市長室が庁内の人事を担当する職員課とともに初めて企画した「LGBT研修」が、二〇一五（平成二七）年二月に実施された。講師は福祉相談担当者の勉強会と同じく、原《はら》ミナ汰《た》と熟田桐子《じゅくたきりこ》に依頼した。

この研修には各課から職員が一名ずつ受講し、市議会議員も数名が受講している。熱田によれば、しっかりと知って理解したいという受講者が多く、研修が終わったあとには、質問に来る職員が列をなすほどだったという。

翌年度以降も、第一線で活躍する講師を招いて研修が続けられている。二〇一六（平成二八）年度からは、市内の小中学校の教職員も対象に含まれるようになった。そして二〇二一（令和三）年度には、市内のすべての公立保育所で保育士研修も開催し、児童館や学童保育所でも実施するに至っている。

2　市民の発案によるＬＧＢＴ研修バッジ

二〇一四（平成二六）年一月から「ふくふく窓口」の開設準備に携わり、開設後は相談業務にあたっていた吉田徳史は、二〇一五（平成二七）年秋に市長室に異動することになった。「ふくふく窓口」でＬＧＢＴ勉強会を開催した際に中心的な役割を果たしていた吉田

国立市役所のLGBT庁内研修（2020年１月24日）

は、市長室では男女平等・人権・平和担当の係長として、全庁を対象とするＬＧＢＴ研修を企画する立場になった。

吉田が市長室に異動した後に開催された二回目のＬＧＢＴ研修（二〇一六年三月）では、新たな試みとして、研修終了後に受講者に渡す「ＬＧＢＴ研修受講者バッジ」が導入された。実は、このバッジは性的マイノリティ当事者である市民の発案によるものである。

当時の佐藤市長は、二〇一四（平成二六）年一一月に東小雪《ひがしこゆき》らと面会したのち、市内在住の当事者らと積極的に面会しながら、市としてできることを模索していた。のちに、国立市市長室平和・人権・ダイバーシティ推進係のＬＧＢＴアドバイザーとなった定禅寺《じょうぜんじ》かるま（通称名）も、それに協力した市民の一人である。

定禅寺と市長、および市長室とのかかわりは、二〇一五（平成二七）年にはじまっている。ある市議会議員の紹介で佐藤市長と初めて会ったとき、市長が一市民である自分の声に真摯に耳を傾けてくれたことが、「とてもありがたく、嬉しかった」と定禅寺は言う。それをきっかけに、性的マイノリティ当事者が直面する困難の解消に向けた市の取り組みに

2016年に導入された「LGBT研修受講者バッジ」

2023年にリニューアルされたバッジのデザイン

ついて、市長室職員の求めに応じて助言をする立場となった。

とはいえ、性的マイノリティが当事者として行政にかかわることにはさまざまな障壁がある。そもそも、広く存在を知られるアクティビストとして活動している当事者はごく少数で、性的マイノリティのほとんどはカミングアウトをしないまま暮らしている。偏見や差別によって生活の基盤が失われることが、きわめて多いからだ。家族の理解が得られず絶縁状態になったり、職場ではハラスメントを受けたり退職に追い込まれたりすることもある。

そのようなとき、自治体が提供する各種の支援が利用できればよいのだが、そのためには、役所の支援窓口でカミングアウトをしなければならない。勇気を出して話したとしても、窓口の職員に知識がなかったり、理解が不足していたりすれば、そこでまた傷つけられることになる。

そのような状態では、市政に対して声を上げることはさらに難しい。担当部署を訪問して質問をするだけでも職員たちに身元が知られてしまう可能性があるし、市民として市議会に陳情を出すとなると、氏名と住所が開示されることにもなる。[1]

定禅寺は、職場ではカミングアウトをしていない。それゆえ、市長室の職員と意見交換をする

---

(1)　陳情者の氏名・住所は開示が原則だが、非開示を希望できる。非開示を希望した場合、住所は公開資料に掲載されないが、提出後の「趣旨説明」をおこなう場合は、氏名が委員会資料（ウェブサイトで公開される）に掲載される。趣旨説明をしなければ掲載されない。

ようになってからも実名は表に出さず、当初は匿名の協力者として（二〇一九年からは通称名を用いて）かかわってきた。最初に意見を述べたのは、「ＬＧＢＴ研修受講者バッジ」の作成のときである。

二〇一五（平成二七）年当時、市長室では性的マイノリティの生活上の困難解消に向けた取り組みとして、専用の相談窓口を設置することを検討していた。先行していたほかの自治体の取り組みに倣ったものである。

このことについて職員から意見を求められた定禅寺《じょうぜんじ》は、「自分だったら、専用窓口には絶対に行かない」と伝えた。そこに行くこと自体が、性的マイノリティであることを第三者に知らしめることになるからだ。

では、支援が必要なときに窓口で安心して相談できるようにするにはどうしたらよいのか。そこで定禅寺が提案したのが、窓口の職員に、ＬＧＢＴ研修を受けたことを示すバッジを付けてもらうことだった。応対する職員がバッジを付けていれば、少なくとも最低限の知識はもっているとわかる。当事者にとっては、それだけでも大きな安心材料になるのだ。

バッジのデザインは、定禅寺や研修講師の熱田桐子《じゅくたきりこ》らの意見を積極的に取り入れて決定された。毎年、研修が終わるたびにこのバッジを付ける職員は増えていき、小中学校の教職員にも徐々に浸透していくことになった。

3 草の根の活動

　ところで、定禅寺が同性パートナーとともに国立市に転居してきた当初は、地域の活動にかかわりをもつことは一切なかったという。とはいえ、パートナーとの生活を少しでも安定したものにしたい、そのために地域において何かできることがあればチャレンジしたい、という思いは当初からあった。それゆえに、市民たちが開催していた学習会の存在を偶然知ったとき、パートナーとともに勇気を出して参加してみることにしたのである。そして、そこでの出会いが、以後の活動における出発点となった。

　その学習会を主催していたのは、「スペースF」という団体である。市内の小学校の保護者たちが、教育問題について腰を据えて話し合うために、二〇〇〇（平成一二）年に立ち上げたものだ。やがて、教育にかぎらず、さまざまなテーマを掲げた学習会や映画上映会、おしゃべりの会なども開催するようになった。そのなかで、二〇一四（平成二六）年四月に開催したのが、定禅寺が参加した「ＬＧＢＴについて学ぶ会」である。

　すでに見たとおり、定禅寺は二〇一五（平成二七）年に当時の佐藤市長と面会しており、それがきっかけとなって市長室の取り組みに助言をする立場となったわけだが、この市長との面会をセッティングしたのは、スペースＦの学習会で出会った市議会議員だった。

また、定禅寺《じょうぜんじ》は、二〇一六（平成二八）年八月に、本書「まえがき」で触れたJikka《ジッカ》のオープンスペースを借りて、パートナーとともに「レインボーカフェ Eight virtues」を開始している（Jikkaについては第５章を参照）。このカフェは、二〇一七（平成二九）年の四月まで、市内の性的マイノリティ当事者の交流の場として月一回のペースで開かれた。ちょうど、「国立市女性と男性及び多様な性の平等参画を推進する条例」の制定に向けた議論が進行していた時期だった。

二〇一六年からの「第５次男女平等・男女共同推進計画」において性的マイノリティの支援とＤＶ対策が大きく取り上げられ、「国立市女性と男性及び多様な性の平等参画を推進する条例」の柱として位置づけられたことは、二

スペースＦが開催した「LGBTについて学ぶ会」の広報チラシ（2014年）

〇一四年以降に市内で生じていたこれらの出来事の直接的な結果ではない。しかし、こうした人々の出会いや、市民の困難に真摯に向き合う市職員の存在が、条例や計画の内実に大きな影響を与えたことはまちがいない。

4 「国立市女性と男性及び多様な性の平等参画を推進する条例」はどのようにつくられたのか

実のところ、条例を制定することについては、すでに二〇〇一（平成一三）年に策定された第三次計画において、「男女共同参画社会の実現に向けての仕組みづくりとしての（仮）男女平等推進条例の制定を目指し検討する」と明記されている。これは未達成のまま第四次計画に持ち越され、第四次計画の期間終了を迎えた二〇一五（平成二七）年の時点でもまだ実現していなかった。

第四次計画の最終評価をおこなった男女平等推進市民委員会は、答申において「今後できるだけ早く制定していくためにも早急に条件整備に着手し、タウンミーティングの実施等を含め、同条例を策定するまでの具体的な作業工程を示していくべきである」、「次期計画には、同条例の策定に向けて主な課題を盛り込むとともに、遅くとも平成二八年度中の成立を目途とした具体的なロードマップを示していくべきである」と提言している。

この答申をもとに、二〇一六（平成二八）年四月に策定された第5次計画では、「基本目標4計画の効率的な推進体制の確立」に向けた事業として、「（仮称）男女平等・男女共同参画推進条例の制定」と「（仮称）男女平等・男女共同参画推進センター機能の検討」が改めて明記された。

答申が求めていたような「ロードマップ」は、この計画には示されていない。しかし、この時点ではすでに、庁内の複数の部署で女性の貧困や性的マイノリティの困難といった課題への取り組みがはじまっていた。先に見たような市民と市長、市職員の共同作業の成果は、DVなどの暴力撤廃と性的マイノリティ支援に焦点を当てた第5次計画にしっかりと反映されている。

そして、第5次計画の策定から間もない二〇一六年七月、佐藤市長は男女平等推進市民委員会に、「（仮称）国立市男女平等・男女共同参画推進条例」の策定について諮問した。

国立市の男女平等推進市民委員会は、有識者五名、公募市民五名の一〇名で構成されている。公募による市民委員が五名も入っているのは、ほかの委員会や審議会にはない特徴である。当時の委員長は一橋大学教授の越智博美で、そのほかの有識者委員として、市内の大学教員、社会学専攻の大学院生、子どもや女性の支援に従事しているNPO職員、企業のダイバーシティ担当者などがいた。公募による市民委員五名も、企業や地域でさまざまに活躍している人たちであった。

ところで、この諮問の直後に、審議の内容に少なからずかかわる事件が報道された。国立市に所在する一橋大学において前年に起こった「アウティング事件」である。

一橋大学法科大学院（ロースクール）に通う学生が、同級生に同性愛者であることを暴露（アウティング）されて心身の健康を害し、のちに校舎から転落死した。遺族は、事件翌年の二〇一六年に、暴露した同級生と一橋大学に対して損害賠償を求める民事訴訟を起こした。この公判が開始されることが八月初旬に報道され、世間の注目を集めることになったのである。

当然ながら、条例案の策定を進めようとしていた男女平等推進市民委員会と事務局（市長室）にも、この報道は衝撃をもって受け止められた。だが、その時点で得られる情報はかぎられており、市としては進行中の裁判の経過に踏み込むような行動を取ることはできないという判断から、市民委員会で事件の詳細を取り上げて議論することは控えられた。

とはいえ、この事件が条例の内容に影響を与えたことは事実である。それについては、のちほど改めて触れたい。

二〇一六年七月から翌年の七月にかけて一〇回開催された男女平等推進市民委員会では、条例にどのような内容を盛り込むべきかについて議論された。完成した答申は二〇一七（平成二九）年八月に市長に提出され、庁内での議論を経て、同年一二月の市議会に条例案が提出された。市議会では全会一致で可決され、翌二〇一八（平成三〇）年四月に施行されることになった[2]。

（2）条例の全文は、本書の巻末に付録資料として収録している。

条例の前文には、次のように書かれている。

> 固定的な性別役割分担意識やそれに基づく社会慣行、性別を理由とした人権侵害や暴力は今なお根強く存在しており、女性と男性の間の格差解消に至るには多くの課題が存在している。また、性的指向や性自認等を理由とする差別や偏見等の課題もあり、より一層の取組が必要とされている。
>
> よって、全ての人が性別の壁を越えて、互いの人権を尊重し合い、あらゆる分野において個性と能力を十分に発揮し、自分らしく生きることができる社会を築くため、市、市民、教育関係者及び事業者等が一体となって男女平等参画社会を実現することを決意し、この条例を制定する。（傍点引用者）

つまり、この条例は、従来から課題とされてきた男女間の格差という課題に加えて、性的マイノリティへの差別や偏見という課題にも取り組むために制定されたものである。市内では、この条例が「〝多様な性〟条例」と呼ばれることも少なくないが、この前文に示されているように、決して性的マイノリティのみを取り上げているものではない。むしろ、女性と男性の格差を克服することと、性的マイノリティへの差別や偏見を解消することは、切り離せないものとして扱わ

れている。

そのような認識は、第2条において、「男女平等参画」が「全ての人が、性別、性的指向、性自認等にかかわりなく個人として尊重され、その個性と能力を発揮し、社会のあらゆる分野における活動に参画することをいう」と定義されていることに示されている。(3)

条例の基本理念は第３条に定められ、下記の九つから成っている。

❶性別、性的指向、性自認等による差別的取扱いや暴力を根絶し、全ての人が、個人として尊重されること。
❷性的指向、性自認等に関する公表の自由が個人の権利として保障されること。
❸全ての人が、性別による固定的な役割分担意識に基づく社会制度や慣行にとらわれることなく、その個性と能力を発揮し、自らの意思と責任により多様な生き方を選択できること。
❹全ての人が、性別にかかわりなく、あらゆる分野における活動方針の立案及び決定に平等に

（3）男女平等推進市民委員会が提出した答申では、「男女」という言葉は性の多様性または連続性を含むものとして定義されていた。また、答申では、共同参画の前提に女性と男性、多様な性の平等を目指すことが重要であり、その先に共同参画の社会を実現していくという考えから、「共同参画」ではなく「平等参画」という表現が用いられた。

参画する機会が確保されること。
❺学校教育、社会教育その他のあらゆる教育の場において、生涯を通じた男女平等参画意識の形成に向けた取組が行われること。
❻全ての人が、相互の協力と社会の支援の下に、家庭生活、職場及び地域における活動の調和の取れた生活を営むことができること。
❼全ての人が、妊娠、出産等の性と生殖に関する健康と権利を認め合い、生涯にわたって自分らしい生き方を選択できること。
❽性別による差別的取扱い及び複合差別を理由として、困難な状況に置かれている人を支援するための取組が行われること。
❾国際社会及び国内における男女平等参画に係る取組を積極的に理解すること。

これらはいずれも等しく重要だが、新しい視点としてとくに注目されるのは❷と❽であろう。❷は性的マイノリティの権利保障を指し、❽は性別を理由とする差別や性別に加えて、しょうがいや外国にルーツをもつことなどが複合的に作用して生まれる困難があることを明確にし、それらに対する支援が必要であることを示している。

第4条から第7条までには、それぞれ市の責務、市民の責務、教育関係者の責務、事業者等の責務が定められている。そして、この条例のなかでもっとも注目を浴びたのは、第８条に定められた禁止事項である。

その第２項には、「何人も、性的指向、性自認等の公表に関して、いかなる場合も、強制し、若しくは禁止し、又は本人の意に反して公にしてはならない」とある。これは、カミングアウトするかしないかは個人の自由であり、その権利が保障されるべきである（他者から強制されるべきではない）こと、そして他者によるアウティングをおこなってはならないことを意味している。条例として、全国で初めて「アウティング禁止」が定められたのだ。

実は、条例に盛り込むべき内容について委員会がひととおりの検討を終え、タウンミーティングおよびパブリックコメントの実施のためにその内容を公表した際には、この項目は存在しなかった。答申の完成直前に、これが急遽付け加えられたのは、パブリックコメントとして寄せられた市民の意見がきっかけである。その意見は、次のようなものだった。

ＬＧＢＴ当事者として意見します。全体の印象として、性的指向と性自認について個人を尊重するという表現であるものの、カミングアウトを強制するような印象にも見てとれます。困っていることがあっても、カミングアウトを強制しないというニュアンスを取り入れて欲しいです。（傍点引用者）

当初の条例骨子案では、性的マイノリティが直面している困難を解消するために市が取り組みを進めることを定めていた。意見を寄せた市民は、それに対して「カミングアウトをしなくても支援を受けられること」を求めたのである。

市民委員会は、この意見を重く受け止めた。条例に盛り込むべき内容はほぼ固まっていたが、それを修正し、基本理念（第3条）にカミングアウトの自由が個人の権利であることを、第8条にアウティング禁止を明記することを決めたのである。

こうした内容を扱った条例は全国を見わたしても前例がなく、市民委員会では条文の文言について議論を重ね、何度も修正を繰り返した。

ところで、市民からの意見にあったのは「カミングアウトを強制しない」という表現であり、「アウティング」という言葉は登場しない。カミングアウトを強制しないことに加えて、「**本人の意に反して公にしてはならない**」（つまり、アウティングをしてはならない）という表現が条文に書き込まれたのは、市民委員会の判断によるものだった。だが、当事者である市民からこうした意見が寄せられなかったら、おそらく市民委員会では議論されず、条例にアウティング禁止の条項が盛り込まれることはなかっただろう。そして、のちの国立市の先駆的な取り組みの一部も、実現することはなかったかもしれない。

ちなみに、パブリックコメントとして市民委員会にこの意見を寄せたのは定禅寺《じょうぜんじ》であったことを、のちに本人が明かしている。

「カミングアウトしなくても安心して暮らせる社会」をつくることは、定禅寺にとってはどうしても譲れない目標であった。それゆえ、市民委員会が示した当初の条例骨子案に対して意見を言わずにはいられなかったのだという。ＬＧＢＴアドバイザーとしても市長室に同様の意見を伝えたが、市民委員会への訴求効果を考えて、すべての市民が意見を提出できるパブリックコメントの機会を活用することにしたのである。

他方で、市民からはほかにも多様な意見が寄せられた。なかでも多くの意見を集めたのは、条例の名称であった。

名称については、市民委員会でも最後まで時間をかけて議論が重ねられた。従来からの女性と男性の間の格差解消に加えて、「性的指向」や「性自認」などにかかわりなく、一人ひとりが個人として尊重される社会を実現したいという思いを示す表現として、最終的に「国立市女性と男性及び多様な性の平等参画を推進する条例」という名称が採用された。

「女性」が最初に掲げられているのは、男性が先、女性が後、という慣習を払拭したいという思いと、「女性のエンパワーメントの推進」を条例の柱の一つに掲げていることを理由としている。現在もなお、女性と男性の間には看過できない格差が多く残されていることから、性別を理由とする差別が解消されるまでは「女性と男性の平等」に取り組む姿勢を明確に示す必要があると考えた。そのうえで、女性・男性の二分法に依らずに多様な性のあり方を認め合い、性別にかかわらずすべての人が自分らしく生きることができる社会を目指す、という意図を込めた。

条例には、ほかにも市の施策にとって重要な内容がいくつも盛り込まれている。たとえば、第3条の基本理念❼には、リプロダクティブ・ヘルス／ライツ（性と生殖に関する健康と権利）[4]の理念が明記された。また、基本理念❽には困難な状況に置かれている人の支援が掲げられているが、これはＤＶ被害者支援をはじめとする女性支援の充実を目指すもので、以後の国立市のジェンダー平等の取り組みにおける柱の一つとなった。

また、市、市民、事業者などの責務に加えて、教育関係者の責務を定めていることも特徴である。文教都市である国立市には多数の教育機関がある。学校だけでなく、社会教育を含むあらゆる場において、あらゆる世代に男女平等意識が育まれるよう、教育関係者に対して、本条例の理念を十分に理解し実践に反映させることを求めている。この条例ができてから、国立市内の小中学校では、性に関する教育が積極的に取り組まれるようになった。

さらに、第9条から第16条では、基本理念にもとづいて市が推進すべき八つの基本的施策を規定した[5]。その一つが、「女性のエンパワーメントの推進」である。女性が力を発揮できる社会の実現は、女性のみならず、すべての人が暮らしやすい地域社会をつくるためにきわめて重要である。女性がさまざまな意思決定の過程に加わる仕組みをつくり、本来もっている力を発揮できるような環境を整備することが目指されている。

そして第16条(6)では、この条例の理念を推進するための拠点を設けることが定められた。この規定にもとづいて、二〇一八（平成三〇）年五月に、ＪＲ国立駅前の高架下に「くにたち男女平等参画ステーション」が開設されることになった。開設の経緯については第６章で詳しく紹介する。

条例の制定後、国立市は条例の趣旨をわかりやすく説明したパンフレットを作成し、市民、教育関係者、事業者等に配布した。さらに、市内の事業者との連携を図るため、多様性の象徴である六色のレインボーカラーをモチーフとした「応援ステッカー」も作成した。条例の理念に賛同する事業者に配付し、窓口や店舗などにステッカーを掲示してもらうようにしている。

この条例の内容は、男女平等推進市民委員会と、その事務局である市長室が中心となって練り上げたものだが、その背景には、草の根の支援活動を続けてきた市民、学習会に集まって意見を交わし合った市民、市に意見を届け続けた市民たちの強い思いがある。つまりこの条例は、多く

（4）　自分の性や身体に関すること、子どもを産むか産まないかにかかわることのすべてにおいて、心身ともに健康な状態にあり（リプロダクティブ・ヘルス）、自分の身体に関することを自分自身で決められる権利をもつ（リプロダクティブ・ライツ）ことの総称。

（5）　二〇二一（令和三）年四月の条例改正後は、第９条から第17条に九つの施策が規定されている。

（6）　条例改正後は第17条。

の市民の願いの結晶としてでき上がったものであると言ってよい。この条例のうち、とくに多様な性の平等とDV被害者支援に関する内容は画期的であると話題を呼び、条例にもとづいて実施される各種の先駆的な取り組みも全国から注目を集めることになった。

ただし、それによって影に隠れてしまった重要な課題もある。

たとえば、ほかの自治体と同じく国立市内にも、女性たちの就労を支援する市民活動や、女性たちが中心となって運営する子育て支援の活動などが数多く存在する。とりわけ、働く母親が直面する日々の課題や、出産後に再就職を目指す女性たちの困難については、多くの市民が行政による支援を強く望んでいる。

条例にはそうした支援についても明確に定め

事業者に配布しているステッカー

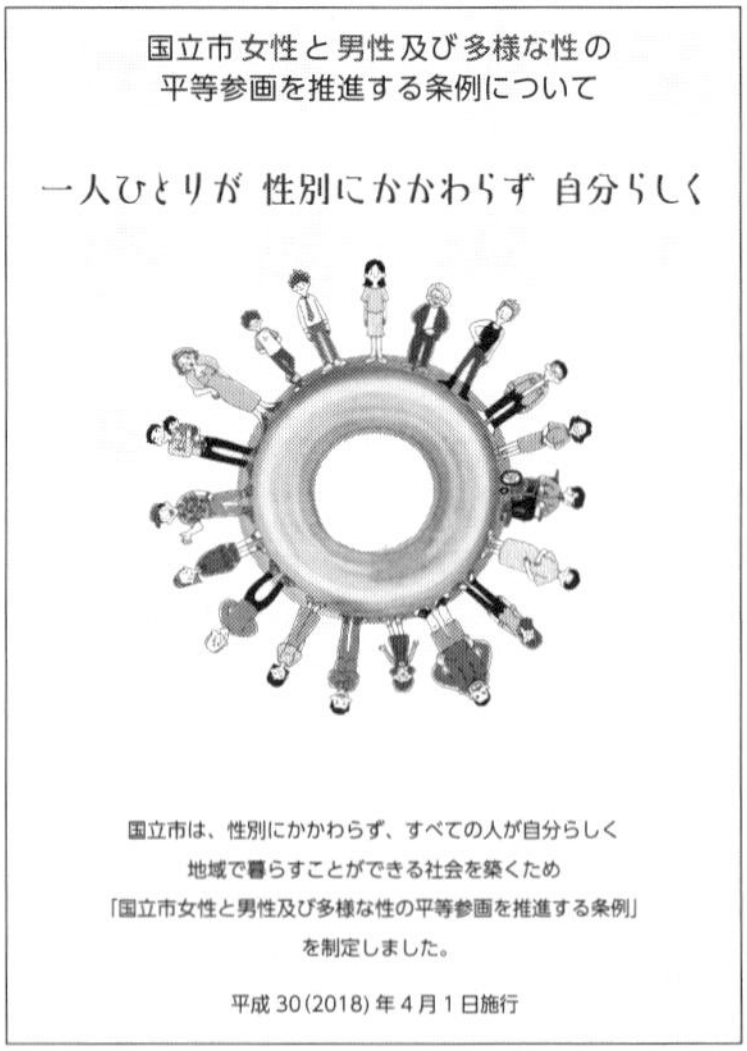

条例を紹介するパンフレットの表紙

られているが、性的マイノリティとＤＶ被害者支援に関する項目が注目を集めたことによって、影が薄くなってしまった。市内における条例の認知度は低く、自分にかかわりのあるものとして捉えている市民は決して多くない。この点については第７章で再び検討するが、その前に、条例ができたあとの国立市の取り組みを見ておくことにしたい。

次の第４章では、「多様な性の平等」の実現に向けた市の取り組みについて、さらに第５章では、ＤＶ被害者支援のために「女性の居場所 Jikka《ジッカ》」と国立市が開始した連携事業について紹介する。続く第６章では、条例の推進拠点の設置の経緯と、拠点での活動内容を紹介したい。

第4章

ジェンダー平等に向けて自治体ができることは何か
——条例を活かすための取り組み

1 「東京レインボープライド」への参加

二〇一七（平成二九）年の秋。すでに八月に、男女平等推進市民委員会から「国立市女性と男性及び多様な性の平等参画を推進する条例」案が答申として提出されており、市長室では一二月の市議会定例会での可決を目指して最終調整が進められていた。それと並行して、市長室長となっていた吉田徳史と担当職員（当時）の市川綾子は、以前から温めていた計画を実行に移そうとしていた。翌年の五月五日・六日に代々木公園で開催される「東京レインボープライド2018」に、国立市としてブース出展するという計画である。(1)

同年五月に開催された「東京レインボープライド2017」には、二〇一五（平成二七）年に国内初の同性パートナーシップ制度を導入した渋谷区が、自治体として初めてブースを出していた。翌二〇一八年に出展を果たした国立市は、自治体としては二例目となったわけだが、その目的は渋谷区とは異なっている。

第3章でも触れたとおり、渋谷区は世田谷区とともに、二〇一五年に日本で初めて同性パートナーシップ制度を導入した自治体である。「東京レインボープライド2017」でのブース出展は、「渋谷区パートナーシップ証明書相談会」として展開され、証明書の発行手続きについて法律の専門家が相談に応じるものだった。

他方で、国立市市長室の吉田と市川らがブース出展を検討するようになったのは、これとはまったく異なる考え方による。全国で初めてアウティング禁止を盛り込んだ条例の施行が見込まれるなかで、条例の理念にもとづく取り組みをどのように進めていくべきか、また、この条例がとくに性的マイノリティ当事者にどのように受け止められるのか、ブース出展によってそれを探りたかったのだ。

実のところ、国立市の条例は制定前から注目を集めていた。二〇一六（平成二八）年八月にはじまった一橋大学アウティング事件裁判の経過が注視されるなかで、一橋大学が所在する国立市で、条例にアウティング禁止を盛り込むことを提案する答申が提出されたことは、早くから報道されていたのである。

市長室では、市議会での審議がはじまる前から、メディア取材や他自治体からの問い合わせに対応していた。注目度の高さは、アウティングに苦しんでいる当事者がいかに多いかの裏返しでもある、と市長室では捉えていた。だからこそ、当事者か否かを問わず、性的マイノリティの困難の克服に関心をもつ人々に、国立市の新しい条例について広く知ってもらい、フィードバックを得たいと願ったのだ。

市が条例などについて情報発信をする場合、通常は市内で市民向けにイベントをおこなうことが基本である。また、市の条例である以上、まずは国立市民の声に耳を傾けるべきであることは言うまでもない。だが、性的マイノリティの困難を解消するという目的に関しては、広く当事者や関係者の声を聴き、そこから学ぶという姿勢が必要だ。どのようなまちづくりが求められているのか、行政には何が期待されているのか、どのような要望があるのか、できるだけ幅広く意見を聴きたかった。

この問題に関心をもつ多くの人々と直接会い、語り合える場として、「東京レインボープライド」のブース出展はきわめて魅力的な機会であると、吉田と市川は考えたのである。

（1）性的マイノリティへの差別や偏見に反対し、性の多様性を祝うために、東京で開催されているイベント。日本では1994年に東京で初めて開催され、その後、他の地域でも開催されるようになっている。

ひとまず二人は、出展を希望する団体向けに開催される説明会に参加してみることにした。費用がいくらかかるのか、どのような準備が必要なのか、何も知らない状態で恐る恐る参加したという。もっとも心配していたのは費用面だったが、大使館や自治体などの場合、通常は数十万円かかるブース出展費が割安に設定されていたため、なんとか予算の範囲内で参加できることがわかった。

かくして、条例が施行された直後の二〇一八(平成三〇)年五月初旬、国立市は初めて「東京レインボープライド」に参加することとなった。当日は市長室の職員とともに、ほかの部署からも八名の職員が協力者という立場で参加している。イベント全体の参加者は約一五万人、国立市のブースには約八〇〇人が来場した。

このときのブースの紹介文には、以下のように書かれていた。

国立市では「国立市女性と男性及び多様な性の平等参画を推進する条例」を平成30年4月より施行しました。すべての人が性別の壁を越えて、一人ひとりが自分らしく地域で暮らすための条例です。ブースではこの条例の紹介や多様な性の理解を深めるための取り組み等をパネル展示します。条例でうたっている「アウティングの禁止」についてのアンケートも行っています。ぜひ遊びに来てください。(2)

アンケートの回答には、国立市の取り組みについて非常に好意的な意見が多かった。国立市民も多く来場し、市の前向きな姿勢を評価する声を寄せてくれたという。

翌二〇一九（令和元）年も、続けて出展した。(3) 主な内容はほぼ前年と同じだが、LGBTに関する講演活動をおこなっている小学校教員の鈴木茂義（愛称「シゲ先生」）を迎えて開催したトークイベントでは、永見市長（当時）も参加して来場者と語り合

（2）「東京レインボープライド２０１８」ウェブサイト（https://trp2018.trparchives.com/booth/）より。

（3）以後も、継続して参加を続けている。二〇二三年以降は、近隣の自治体とともに「東京10市net」（二〇二四年は「東京11市net」）として出展。

「東京レインボープライド2019」の様子。（左上）来場者によるメッセージカード、（右上）会場入り口、（左下）来場者と市長の意見交換（右下）国立市のブースの来場者

った。ブースへの来場者は前年よりも大きく増え、約一二〇〇名に達している。

葉っぱの形をしたレインボーカラーのメッセージカードには、「あったらいいな　こんな街、あったらいいな　こんな学校！」というテーマで、来場者に自由に言葉を綴ってもらった。用意したボードからはみだすほど、多くの思いが寄せられた。

そのなかには、国立市にも同性パートナーシップ制度を導入してほしいと訴える市民の声がいくつもあった。

2　パートナーシップ制度の創設

国立市で「くにたちパートナーシップ制度」が開始されたのは、条例制定から三年が経った二〇二一（令和三）年四月である。

条例が施行された直後から、市職員にも男女平等推進市民委員会の委員にも「次はパートナーシップ制度の導入について議論をはじめるべきだ」という思いがあったが[4]、制度の創設に向けた動きが具体的にはじまったのは、やはり市民からの声がきっかけだった。二〇一九（令和元）年一二月の国立市議会第四回定例会において、パートナーシップ制度を求める市民からの陳情が採択されたのである。

とはいえ、この陳情が採択されるまでにはいくつかの障壁があった。

「国立市女性と男性及び多様な性の平等参画を推進する条例」が施行されてまもない二〇一八（平成三〇）年七月、市内では市民有志による「条例を活かすくにたち市民の会」が結成されていた。主な活動は、条例に関連するテーマを掲げた学習会の開催である。

さまざまなテーマが扱われるなかで、もっとも密に議論されたものの一つがパートナーシップ制度だった。市内で暮らす性的マイノリティ当事者も複数参加し、全国の状況や制度のあり方などについて学びながら意見交換がおこなわれた。

学習会に参加していた当事者たちは、普段は自身のセクシュアリティをオープンにせずに暮らしており、「身バレ」（性的マイノリティであることが周りに知られること）を恐れて地域の活動に参加したこともなかった。だが、条例ができたことで、「カミングアウトを強制されることはない」という安心感を得て、学習会に参加する勇気がもてたそうだ。

学習会での議論は、制度の実現に向けた道筋の具体的な検討にも及んだ。市長に直接かけあい、

（4）　二〇一九（令和元）年八月に実施された「多様な性と人権に関する市民意識調査」では、同性パートナーシップの導入に「賛成」・「やや賛成」と回答した人が全体の七六・〇パーセントを占めていた。

「要綱」(5)として制度をつくるという方法もあるが、要綱には法的な拘束力がなく、市長が代わったら廃止されてしまう可能性がある。安心して暮らしていくためには、条例改正によって制度をつくることが望ましい。

議論がこのようにまとまった時点で、「ならば、すぐにでも市議会に条例改正を求める陳情書を出そう」という声が上がった。できれば、性的マイノリティ当事者の市民から提出するのがよいだろう。当事者ではない第三者からの陳情では、制度の必要性について十分に理解してもらうことが難しいかもしれないからだ。

だが、陳情書には陳情者の氏名と住所を明記することがルールとなっている。学習会に参加していた性的マイノリティ当事者はみな、職場などでは自らのセクシュアリティをオープンにしていない。カミングアウトができない当事者にとって、陳情書を提出することには大きなリスクがある。さて、どうするか。

そこで名乗りを上げたのが、すでに通称名で国立市のＬＧＢＴアドバイザーとなっていた定禅《じょうぜん》寺《じ》かるまだった。自身もパートナーと一緒に暮らしており、パートナーシップ制度を強く望んでいた。声を上げられない多くの仲間のためにも、できるかぎりのことをしたいと思ったわけである。

定禅寺自身もカミングアウトができない事情を抱えていたが、カミングアウトを強制しないという条例の規定が自分を守ってくれるはずだと考えた。手続きに詳しい市民も、「おそらく大丈夫だろう」と背中を押した。

定禅寺は心を決め、二〇一九（令和元）年一一月、実名で陳情書を作成して議会事務局に提出しに行った。陳情書の「陳情の趣旨」欄には、次のように書いた。

私は市内在住歴七年のセクシャルマイノリティ当事者です。今まで国立市は故佐藤市長の代から現在の永見市長の代に亘って、しょうがいしゃ・セクシャルマイノリティ・人権についての条例制定と全国を見ても先進的な取り組みをされてきました。市民として誇らしく思います。しかし、人権に関する条例が三つもあり、当事者の『個』を保護する条例があるのに、パートナーになると保護される文言が条例文の中に何一つありません。素晴らしい条例があるのに、パートナーシップ制度が無いのは当事者市民としてとても残念です。そして不安です。セクシャルマイノリティがカップルになった場合、市民として保障される権利が何一つ無くなってしまう様な感覚を持つのです。

（５）　行政手続きや条例の運用などについて首長の裁量で定めたもの。住民に義務を課したりすることができる条例とは異なり、法的な拘束力をもたない。

セクシャルマイノリティのカップルは国立の街中でも目につく存在では無いでしょうが、確実に存在しています。そして、生活を営んでいます。事実婚を選んだカップルも同じ立場で暮らしています。セクシャルマイノリティの人も事実婚の人もだれもがパートナーと一緒に安心して暮らし続けられる国立市にしてください。

そして、「当事者市民の参画による条例改正をおこない、パートナーシップ制度を条例の中に位置づけること」を市に求めたのである。

市議会に提出された陳情書は、まずは常任委員会で審議される。陳情者は、希望すれば委員会に出席し、審議の前に委員に対して趣旨説明をすることができる。定禅寺《じょうぜんじ》は、文書だけでは伝えきれない思いを議員に直接伝えたいと思い、委員会での趣旨説明を希望することを議会事務局に申し出た。

その後、定禅寺は思いもよらなかったことを知らされる。委員会は公開で実施され、会議録には、内容とともに陳情者の氏名も記載される。さらには、インターネット中継により配信されることにもなっており、陳情者の姿を誰でも見ることができる状態になるというのだ。

これらは議会運営規則で定められたもので、例外は認められないという。陳情を取り下げようかと、定禅寺は本気で悩んだ。

当事者の苦しみを知った職員や議員らは、陳情を匿名で扱うことができないか検討した。当事者が意見を表明する機会を実現するために、少なからぬ職員や議員が尽力したのである。委員会では、条例よりも議会運営規則を優先するべきだという意見も出たが、議論の末、会議録には匿名で掲載されることとなった。インターネット中継の際にも、本名は伏せ、カメラに顔が映らない状態で話すことが認められた。

ひとまずは安心したが、趣旨説明の際には委員から厳しい意見も発せられ、なかなか理解してもらえない状況に定禅寺はひどく疲弊したという。最終的には市議会本会議で陳情は全会一致で採択されたが、最後まで、とてもしんどいプロセスだった。

その後、市長から条例改正案についての諮問が男女平等推進市民委員会に出され、二〇二〇（令和二）年九月に答申が提出された。答申にもとづいて作成された条例改正案が市議会において全会一致で可決され、パートナーシップ制度の導入が決まったのは、陳情からちょうど一年後となる二〇二〇（令和二）年一一月である。そして、翌二〇二一（令和三）年四月に施行され、「くにたちパートナーシップ制度」がはじまった。

ところで、パートナーシップ制度とはどのようなものだろうか。

公的な婚姻関係にないカップルは、同居の際の不動産契約や住宅ローン契約、病院における面会や手術などの医療同意、災害時の避難所、職場の福利厚生などで家族としての扱いを受けることが難しい。パートナーシップ制度はそうした問題の解消を目指すもので、性別、性的指向、性自認にかかわらず、人生をともにしたいと思うパートナーと安心して暮らすための環境を整えるための制度である。

パートナーシップ制度を導入した自治体は、パートナー関係にあることを表明した市民からの届出を受け付け、要件を満たしていれば「受理証明書」を交付する。

国立市のパートナーシップ制度の場合は、制度の対象者を市内在住の市民に限定せず、いずれか一方が市内在住、市内在勤、市内在学である場合も含めているところが特徴である。在勤、在学者も対象としたのは、全国初だった。

また、性的マイノリティだけでなく、事実婚の異性カップルも対象としている。夫婦別姓を望むカップルも利用できるようにと考えてのことである。当時、事実婚をパートナーシップ制度の対象に含めていた自治体は、東京都内ではまだ一つもなかった。

条例改定案の策定過程では、二者によるパートナーシップ関係だけでなく、三者以上で家族として暮らす人々も対象とすることが検討されたが、当時はまだ国内に前例がなく、市内のニーズも確認できていなかったことから、継続して検討することとして実現は見送られた(6)。

パートナーシップの届出受付は同年三月一日から開始し、三月中に届出をした三組に対して、四月一日付で証明書を発行した。その後も届出が続き、二〇二三（令和五）年の年末までに二七組が証明を受けている。国立市の人口規模から推計した当初の予想は一〇組程度で、それを大きく上回る数字である。

ちなみに、国立市が発行するのは、Ａ４版の「パートナーシップ届受理証明書」と、財布などに入れて携帯できる「パートナーシップ届受理証明カード」の二種類である。カードは両面印刷の二つ折りで、内側に氏名などが記載され、外側には「国立市パートナーシップ届受理証明カード」の文字が印字されているが、文字の位置が不自然に下に寄っている。これは、市のＬＧＢＴアドバイザーとしての定禅寺《じょうぜんじ》の発案によるものだ。

性的マイノリティであることを隠して暮らす人は、自身がパートナーシップ制度の利用者であることを職場などで知られてしまうことを恐れている。カードを携帯する際にそうした心配をせずにすむよう、財布にカードを入れたときに文字が表に出ないようにしたのである。こうした細かな工夫も、利用者から好評を得ている。

（６）その後、二〇二一（令和三）年一月に、明石市が全国で初めて「ファミリーシップ制度」を開始して、全国的に注目された。

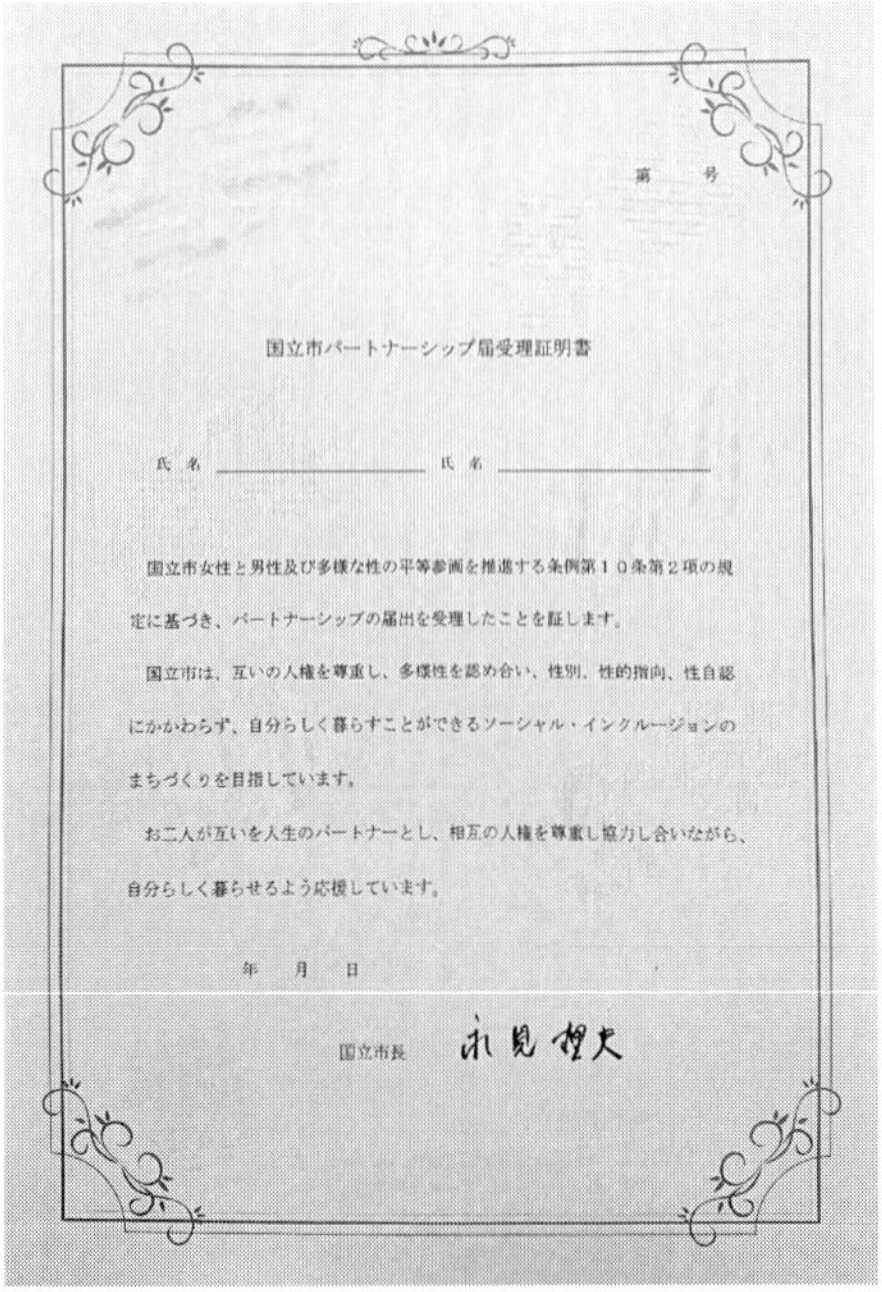

第　号

国立市パートナーシップ届受理証明書

氏名＿＿＿＿＿＿＿＿　氏名＿＿＿＿＿＿＿＿

国立市女性と男性及び多様な性の平等参画を推進する条例第１０条第２項の規定に基づき、パートナーシップの届出を受理したことを証します。

国立市は、互いの人権を尊重し、多様性を認め合い、性別、性的指向、性自認にかかわらず、自分らしく暮らすことができるソーシャル・インクルージョンのまちづくりを目指しています。

お二人が互いを人生のパートナーとし、相互の人権を尊重し協力し合いながら、自分らしく暮らせるよう応援しています。

年　月　日

国立市長

国立市パートナーシップ届受理証明書

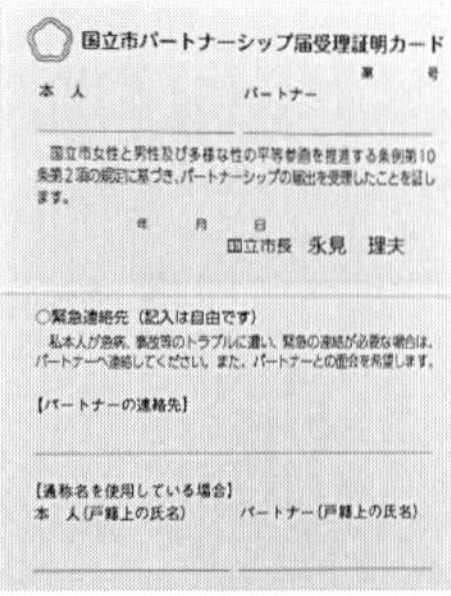

国立市パートナーシップ届受理証明カード

第　号

本　人　　パートナー

国立市女性と男性及び多様な性の平等参画を推進する条例第10条第2項の規定に基づき、パートナーシップの届出を受理したことを証します。

年　月　日

国立市長　永見　理夫

○緊急連絡先（記入は自由です）

私本人が急病、事故等のトラブルに遭い、緊急の連絡が必要な場合は、パートナーへ連絡してください。また、パートナーとの面会を希望します。

【パートナーの連絡先】

【通称名を使用している場合】

本　人（戸籍上の氏名）　パートナー（戸籍上の氏名）

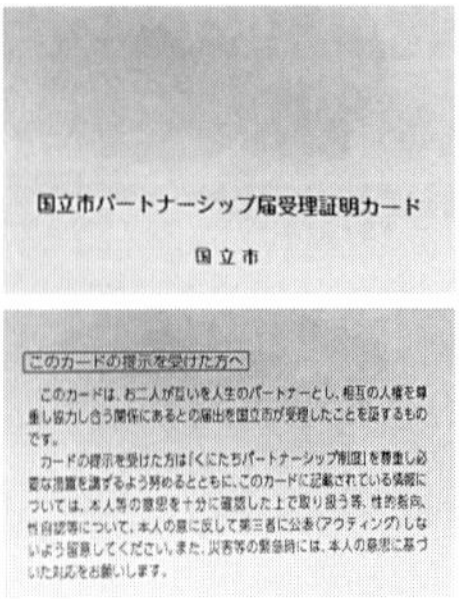

国立市パートナーシップ届受理証明カード

国立市

このカードの提示を受けた方へ

このカードは、お二人が互いを人生のパートナーとし、相互の人権を尊重し協力し合う関係にあるとの届出を国立市が受理したことを証するものです。

カードの提示を受けた方は「くにたちパートナーシップ制度」を尊重し必要な措置を講ずるよう努めるとともに、このカードに記載されている情報については、本人等の意思を十分に確認した上で取り扱う等、性的指向、性自認等について、本人の意に反して第三者に公表（アウティング）しないよう留意してください。また、災害等の緊急時には、本人の意思に基づいた対応をお願いします。

国立市パートナーシップ届受理証明カード　（左）内側、（右）外側

3 「職場におけるガイドライン」とPRIDE指標

パートナーシップ制度が成立してからも、条例を活かすための取り組みについて、国立市の模索は続いた。

条例が制定される以前から、市長室では「職員のなかにも性的マイノリティ当事者はいるはずだ」と考え、庁内全体に向けて「取り組みのアイデアを寄せてほしい」、「関心のある職員がいたら検討プロセスに参加してほしい」と呼びかけていた。だが、庁内からの反応はほとんどなかったという。

考えてみれば、カミングアウトをしていない当事者が、職場でのそうした呼びかけに応じることはほぼありえない。市民を守るための条例はできたが、それを推進する立場にある庁内の職員は守られていないのではないか。市長室の担当者たちは、ＬＧＢＴアドバイザーとの会話のなかでそのことに気づいた。

条例を活かしていくためには、市の職員が多様な性について正しい知識をもち、理解を深め、状況に応じた適切な言動ができるようにすることが必要である。また、性的マイノリティ当事者がカミングアウトせずとも働きやすい状態が保てるように、市が率先して職場環境を整えていくことも求められる。

庁内人事を所轄する職員課と協議し、職員の休暇制度（結婚休暇、忌引、子どもの看護休暇、出産支援休暇、育児参加休暇等）や扶養手当、死亡退職手当を同性パートナーにも適用できるようにするなど、庁内の各種制度を整えるための条例改正にも取り組んだ。

さらに、市職員の行動の指針となるガイドラインも作成した。二〇二一（令和三）年三月に発行された「多様な性を尊重するまちづくりのための職場におけるガイドライン」である。多様な性を尊重するための姿勢や行動を一〇のステップで示し、市内の企業や教育機関、各種団体などでも参考にしてもらえるような内容になっている。

ところで、市長室長の吉田には、以前から密かに目指していたことがあった。「一般社団法人work with Pride」（当時は任意団体）による「ＰＲＩＤＥ指標」の認定に、国立市として申請することである。

「work with Pride」が二〇一六（平成二八）年に策定した「ＰＲＩＤＥ指標」とは、職場にお

ガイドラインの表紙

ける性的マイノリティへの取り組みの評価指標で、申請した企業・団体・自治体の取り組み内容を「ゴールド」、「シルバー」、「ブロンズ」の三段階で認定している。

評価指標は、以下の五つである。

❶性的マイノリティに関する行動方針を明確化していること。(Policy)

❷従業員が性の多様性に関する意見を言える機会(当事者コミュニティや相談窓口)を設けていること。(Representation)

❸従業員に対して、性の多様性への理解を促進する啓発活動を実施していること。(Inspiration)

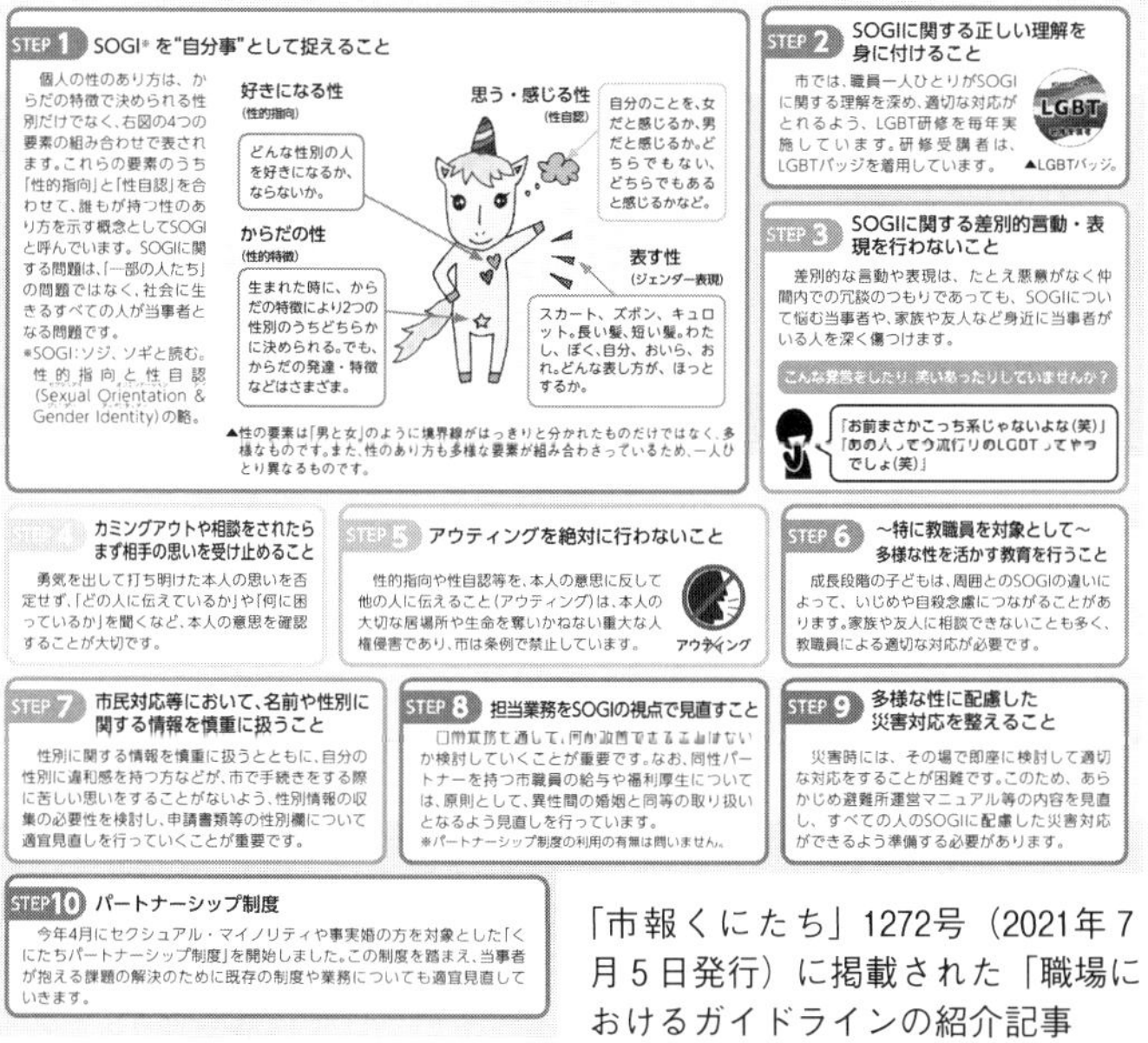

STEP 1 SOGI※ を"自分事"として捉えること

個人の性のあり方は、からだの特徴で決められる性別だけでなく、右図の4つの要素の組み合わせで表されます。これらの要素のうち「性的指向」と「性自認」を合わせて、誰もが持つ性のあり方を示す概念としてSOGIと呼んでいます。SOGIに関する問題は、「一部の人たち」の問題ではなく、社会に生きるすべての人が当事者となる問題です。

※SOGI:ソジ、ソギと読む。性的指向と性自認(Sexual Orientation & Gender Identity)の略。

▲性の要素は「男と女」のように境界線がはっきりと分かれたものだけではなく、多様なものです。また、性のあり方も多様な要素が組み合わさっているため、一人ひとり異なるものです。

STEP 2 SOGIに関する正しい理解を身に付けること

市では、職員一人ひとりがSOGIに関する理解を深め、適切な対応がとれるよう、LGBT研修を毎年実施しています。研修受講者は、LGBTバッジを着用しています。

▲LGBTバッジ。

STEP 3 SOGIに関する差別的言動・表現を行わないこと

差別的な言動や表現は、たとえ悪意がなく仲間内での冗談のつもりであっても、SOGIについて悩む当事者や、家族や友人など身近に当事者がいる人を深く傷つけます。

こんな発言をしたり、笑いあったりしていませんか?

STEP 4 カミングアウトや相談をされたらまず相手の思いを受け止めること

勇気を出して打ち明けた本人の思いを否定せず、「どの人に伝えているか」や「何に困っているか」を聞くなど、本人の意思を確認することが大切です。

STEP 5 アウティングを絶対に行わないこと

性的指向や性自認等を、本人の意思に反して他の人に伝えること(アウティング)は、本人の大切な居場所や生命を奪いかねない重大な人権侵害であり、市は条例で禁止しています。

STEP 6 ～特に教職員を対象として～多様な性を活かす教育を行うこと

成長段階の子どもは、周囲とのSOGIの違いによって、いじめや自殺念慮につながることがあります。家族や友人に相談できないことも多く、教職員による適切な対応が必要です。

STEP 7 市民対応等において、名前や性別に関する情報を慎重に扱うこと

性別に関する情報を慎重に扱うとともに、自分の性別に違和感を持つ方などが、市で手続きをする際に苦しい思いをすることがないよう、性別情報の収集の必要性を検討し、申請書類等の性別欄について適宜見直しを行っていくことが重要です。

STEP 8 担当業務をSOGIの視点で見直すこと

日常業務を通して、何か改善できる点はないか検討していくことが重要です。なお、同性パートナーを持つ市職員の給与や福利厚生については、原則として、異性間の婚姻と同等の取り扱いとなるよう見直しを行っています。

※パートナーシップ制度の利用の有無は問いません。

STEP 9 多様な性に配慮した災害対応を整えること

災害時には、その場で即座に検討して適切な対応をすることが困難です。このため、あらかじめ避難所運営マニュアル等の内容を見直し、すべての人のSOGIに配慮した災害対応ができるよう準備する必要があります。

STEP 10 パートナーシップ制度

今年4月にセクシュアル・マイノリティや事実婚の方を対象とした「くにたちパートナーシップ制度」を開始しました。この制度を踏まえ、当事者が抱える課題の解決のために既存の制度や業務についても適宜見直していきます。

「市報くにたち」1272号(2021年7月5日発行)に掲載された「職場におけるガイドラインの紹介記事

❹性的マイノリティを包摂した人事制度、福利厚生制度などを整備し、それを公開していること。（Development）
❺性的マイノリティについての理解を促進するための社会貢献活動や渉外活動を実施していること。（Engagement/Empowerment）

吉田は、かねてより交流のあった社会活動家・松中権《ごん》(7)との会話のなかで「PRIDE指標」について知り、以前から関心をもっていた。市長室の担当職員の間でも何度か話題に上ったことがあり、いつか国立市として挑戦したいと、漠然と考えていたという。職員の休暇制度などの整備がなされたことで、五つの指標すべてにおいて評価基準をクリアする可能性が生まれた。

それまで、自治体が「PRIDE指標」に申請したという例はない。申請して認定されれば、国立市のこれまでの取り組みが評価されることになり、市内外および庁内にもその意義を理解してもらいやすくなるだろうと、市長室は考えた。

かくして、国立市は二〇二二（令和四）年に初めて「PRIDE指標2022」に申請した。その結果、「ゴールド」認定を獲得する。応募した四〇二社のうち、ゴールド認定は国立市を含む三一八社であった。国立市はさらに、ゴールド認定を受けた団体のうち、セクターを超えた取り組みを推進する団体に与えられる「レインボー認定」も獲得している。もちろん、どちらも自治体としては全国初であった。

レインボー認定の決め手となったのは、国立市が東京都多摩地域の複数の市と連携して実施していた「ＬＧＢＴユースの居場所づくり（にじーず多摩）」の取り組み（第７章参照）や、性の多様性に関する教育をおこなう学校への講師派遣などである。

二〇二二（令和四）年一一月一〇日に経団連会館で開催された「ＰＲＩＤＥ指標２０２２」の授賞式には、永見市長（当時）と市長室の担当職員が出席した。翌年も続けて申請し、同じく「ゴールド」と「レインボー」の認定を受けている。この年は、国立市のほかに愛知県岡崎

（７）松中が代表を務める「認定ＮＰＯ法人　グッド・エイジング・エールズ」は、二〇二三年まで「work with Pride」の事務局を担当していた。

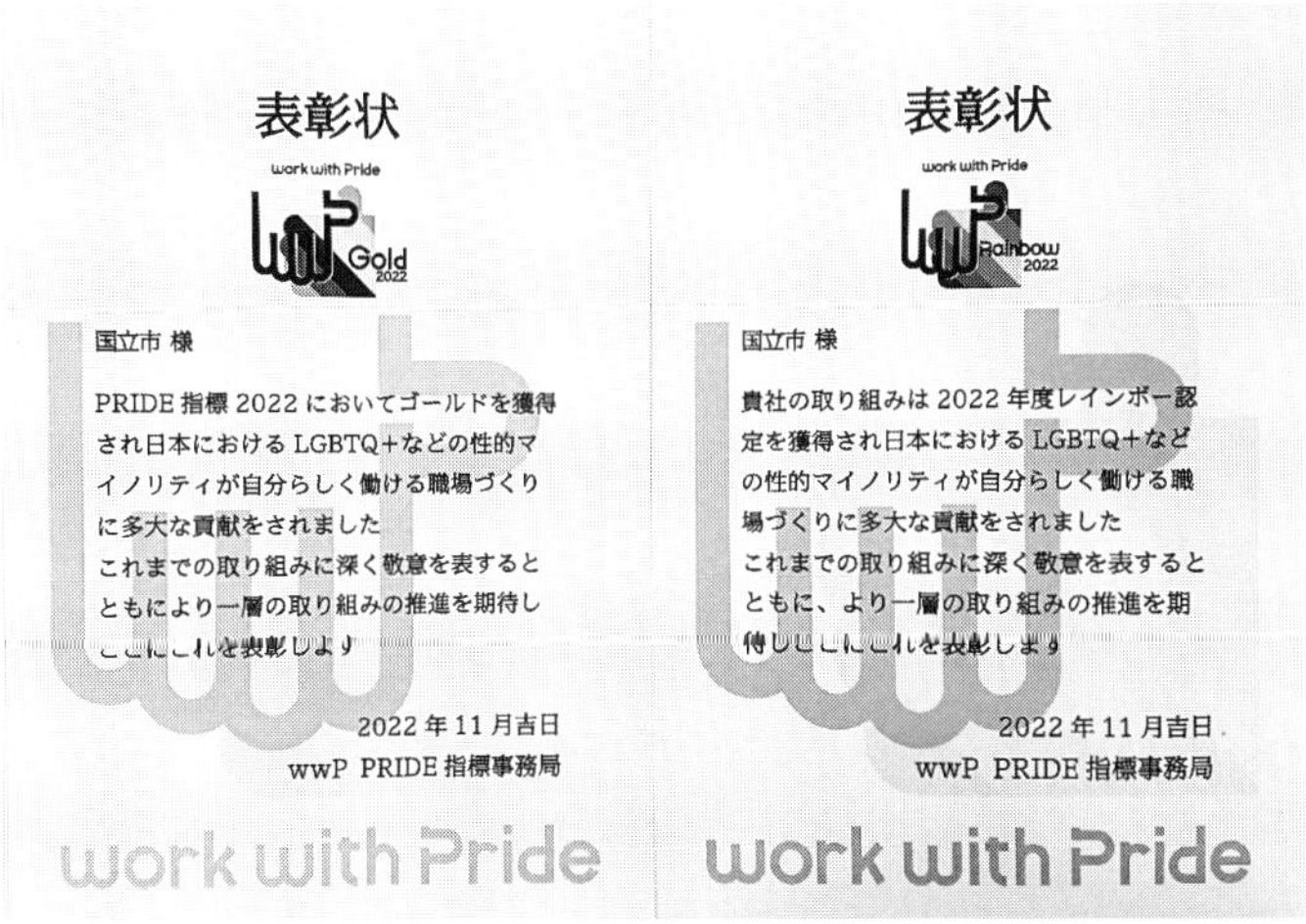

PRIDE 指標の表彰状（2022年）左がゴールド認定、右がレインボー認定

市と新潟県三条市が認定を受けた。今後、さらに多くの自治体に広がっていくことが予想される。

さて、ここまで性的マイノリティに関する国立市の具体的な取り組みを紹介してきたが、すでに見たとおり、国立市には、性的マイノリティに関する取り組みと同じく全国から注目を集めている事業がある。市内のＮＰＯ法人との連携により実施している「女性パーソナルサポート事業」である。次章では、その詳細をみていくことにしたい。

第５章

困難な状況に置かれた人々への支援
——官民連携による女性パーソナルサポート事業

1 「女性の居場所 Jikka《ジッカ》」の活動

国立市が性的マイノリティについての職員研修を開始してからまもない二〇一五（平成二七）年の初夏、市内にある民間団体が創設された。ＤＶ被害や貧困など、困難を抱えながら生きる女性を支援するＮＰＯ法人「くにたち夢ファーム」である。中心となったのは、国立市内で長く女性と子どもの支援活動に携わりながら、他の自治体の男女共同参画支援センターで女性相談員を務めていた遠藤良子だった[1]。

二〇〇一（平成一三）年にＤＶ防止法が施行されたことで、ＤＶ被害者への支援にはある程度の進展があった。配偶者からの暴力の防止と被害者の保護を目的とするこの法律のもとで、被害者は、全国の自治体に設置された「配偶者暴力相談支援センター」や警察などの相談機関を通じて、一時保護施設（シェルター）に入ることが可能になっていた。

とはいえ、シェルターには通常二週間程度しか滞在できず、その後は、心身に負った傷を抱えながら自立して生きていかなければならない。生計を立てるための労働や子どもの世話などに加えて、離婚の手続きに翻弄されることも多く、日常生活を滞りなく送ることは決して容易ではない。

女性たちが誰にも頼れずに孤立し、疲弊していく背景には、性別による賃金格差や母子家庭に対する根強い偏見など、構造的な性差別がある。また、ＤＶ被害者が直面する問題は、シングルマザーや高齢単身者、しょうがいをもつ人、家に居場所がない子どもや若者、外国籍の人などとも共通するところが少なくない。偏見や差別にさらされながら生きる性的マイノリティも、生活困窮に陥るリスクが高い。性別だけではなく、さまざまな属性が絡まり合って、安定した生活を送ることができない人々がいるのである。

自立的な生活の基盤をもてずにいる人々、とくに暴力や貧困による困難を抱える女性たちに実効性のある支援を届けるには、安定した支援体制を構築するとともに、多様な差別の実態をふまえて、包括的なジェンダー平等を目指すための施策が必要ではないか。支援活動に携わるなかでこうした問題意識を明確にもつようになっていた遠藤は、一緒に活動してきた市民有志とともに、二〇一五年六月に「くにたち夢ファーム」を設立した。

とはいえ、そのきっかけは偶然だった。海外の貧困削減のために活動をしてきた市外の団体が、国内でも同様の活動をはじめたいと考えており、その具体的な進め方を一緒に検討できる協力者を探しているという相談が、遠藤らのところに寄せられたのだ。遠藤は、住民としてかかわってきた国立市の地域社会の実情と、長年にわたる自治体の女性相談員としての経験から、実効性のある支援活動を展開するには、資金調達や運営体制において新たな枠組みを構築する必要があると考えていた。そこで、この団体との共同研究に参加してみることにしたのである。

その後、開発経済学が専門でマイクロファイナンスに詳しい一橋大学教授の黒崎卓や、国立市の関連部署（政策経営課、福祉総務課、子育て支援課、生活コミュニティ課）も参加して、二〇一四（平成二六）年に共同研究プロジェクトが開始された。この共同研究の終了後、翌年六月に設立されたのが「NPO法人　くにたち夢ファーム」である。

ただし、設立にあたって、行政から資金面での補助は一切得られず、活動資金は「独立行政法人 福祉医療機構（WAM）」の助成金が頼りだった。活動の拠点として市内の建物を借りて「女

（1）「くにたち夢ファーム」にかかわる市民たちは、設立のずっと前から、支援を必要とする女性や子どもたちに向き合い、草の根の支援活動を続けてきた人々である。その中心にあったのが第3章で紹介した「スペースF」で、遠藤はこの団体の設立メンバーの一人だった。

性の居場所 Jikka《ジッカ》」を開設できたのは、この助成金のおかげである。「Jikka」という名称は遠藤の発案によるもので、「いざというときに駆け込める実家のような場所」を地域につくりたい、という願いから付けられた。

Jikka が活動場所として借り受けているのは、もともとは店舗として造られた建物だ。そのため、建物正面は一面がガラス張りで、外から内部が見えるようになっている。遠藤らがこの建物を借りることを決めたときには、安全面を懸念する声もあったそうだが、それでもこの場所を選んだ理由は、支援の現場を地域に開いていかねばならないと考えていたからだという。

Jikka では当初から、DVから逃げてきた被害者を孤立させないために、地域のなかでオープンに活動することを重視してきた。DVは被害者の自己責任によるものではなく、社会の問題であり、被害者を隠すばかりでは社会の問題まで見えにくくしてしまうからだ。

Jikka の入り口

もちろん、被害者を守るためにはクローズドな空間や活動も必要である。だが、隠れたままでは、自立して生きることは難しい。また、資金もスタッフもかぎられている民間団体が支援活動を継続していくには、地域の多様なアクターと連携することに加えて、市民にも活動を理解してもらい、支持や共感を受けることが重要だ。オープンであるがゆえに、加害者が突然にやって来ることもあるが、そういうときにも冷静に対応できる「肝の据わった支援」がJikkaの特徴の一つとなっている。

Jikka責任者である遠藤良子は、活動を紹介するウェブサイトに次のように書いている。二〇二二（令和四）年に書かれた文章である。

始まりは、ＤＶや虐待を受けた女性たちが暴力から脱出したあと、安全に安心に自立し元気に生きていけるようにお手伝いをしたいという素朴な想いからでした。

七年間活動を続ける中で見えたものは、女性たちが抱えているものは簡単ではなく、もっと根深く根強いものでした。自分を壊して生きのびてきた経験から自由になることの困難さです。女性に厳しく抑圧を強いる社会や家庭の中で、女性たちが新たに違う人生を生き直そうとするとき、そこに立ちはだかるのは、外的なものだけでなく、その人自身が孤立した中で独りで頑張って身につけてきた言葉と行動に現れる内面です。誰からも傷つけられない場所に逃げのびてもなお、自分で自分を傷つけようとする女性たちの、それでも生きのびようとする生きる力と私たちはどう付き合っていけばいいのか？　今ももがき続けています。いっときの支えではなく、地域で一生お付き合いするかもしれない隣人として、何ができるのか、今も考え続けています。

とはいえ、初心は変わりません。

困ったとき、悩んだとき、苦しいとき、逃げたいとき、悔しいとき、うれしいとき、誰かに話を聴いてほしいとき…。いつでも帰れる場所としてJikka《ジッカ》はあります。入り口は広く開けています。できれば、奥行きももっと深くできたらと心がける日々です。(2)

この言葉のとおり、建物の入り口でもあるガラス張りのスペースは、誰もが気軽に立ち寄って交流できるオープンな居場所として用いられている。普段から一杯一〇〇円でコーヒーが提供されているほか、昼時に訪れた人に昼食が振る舞われたり、夏休みや冬休みには「こども朝ごはん」の会場となったりもする。また、曜日ごとに、「カフェ」や「図書室」、手づくりの作品を製作して販売する「ハンドメイド部」などの活動場所にもなる。

支援する人も、支援の利用者も、地域の人たちも、ガラス張りのオープンスペースで開催される日替わりの活動に一緒に参加する。学習会などでともに考えたり、他愛のないおしゃべりをしたりすることを通じて、それぞれが自分のペースで生活を組み立てていく。ゆっくりと時間をかけて伴走するというのがJikkaの支援のスタイルだ。

なかには、ただ愚痴や不安を聞いてくれるだけでいい、という人もいる。だが、そうした愚痴を通じて互いに見えてくるものもある。何気なくお茶を飲んでいるときに、誰にも言わず抱えこんでいた苦しみが明かされることもある。困難を抱えて生きてきた人にとって、誰かを頼って助けを求めることは容易ではない。地域のなかにオープンな居場所をつくることは、困難を乗り越えるための最初の一歩を踏みだせる環境をつくることでもあるのだ。

（2）　Jikka ウェブサイト（https://www.jikka-yume.com/）
傍点は引用者による。

この日のオープンスペースは、「お休み処」と「図書室」

Jikka《ジッカ》では、何に困っているのかをしっかりと聞き取ったうえで、その人が元気に生活を営んでいくために必要なことを、必要なだけ支援する。必要だが実現は難しいと思われるようなことも多々あるが、それでも、「できません」のひと言で終わらせることは決してしないし、どんな状況であっても、基本的には支援を断らない。時には利用者に厳しいことを言わざるを得ないこともあるが、よく話を聞いて、さまざまなアセスメントをしながら、最適な支援をしていくために努力する。

そうした姿勢は、たとえば次のような支援事例からもうかがえる。父親の激しい暴力から逃れて一時保護のシェルターに入ったのち、Jikka に支援を求めてきた若い女性のケースである。

彼女は夜間中学に通っていた。さまざまな困難を経たのち、ようやく入学できた学校である。だが、父親が学校にやって来て彼女を連れ去ろうとする可能性があり、安全を確保するためには、退学はやむを得ないのではないかと思われた。本人もそれを理解し、学校を辞めることに同意していた。

けれども、本音としては学校に通い続けたいのではないか。その学校には、一緒にいて安心できる友人がいる。逃げる手助けをしてくれた、信頼できる教師もいる。将来のために学び続けたいという希望も強くある。彼女にとって、この学校での生活は唯一の心の支えだった。それを奪ってしまっていいのだろうか。じっくりと話をしていくうちに、彼女自身も、遠慮がちに「本当は行きたい」と本音を漏らした。

なんとか通わせ続けることはできないか。長い議論の末に、Jikka のスタッフたちは、彼女の通学に毎日付き添うことを決意した。リスクが高いことは承知のうえである。彼女にぴったりとくっついて歩き、友人や教師にも協力してもらって、危険が生じたらすぐに警察を呼べる体制を組んだ。父親にも、彼女の学ぶ権利を尊重するよう働きかけた。結果として、危険な目に遭うことなく通学を続けることができた。

支援する側にとって、こうした支援はきわめて負担が重く、リスクも高いため、どうしても避けられがちである。だが、本当に危険かどうか、実際にやってみないとわからないときもある。身を隠すことで一時的な安全を確保することができたとしても、その先の長い人生を、孤独のなかで生きていくことはできない。隠れたままでは、生きるための力を鍛えることも難しい。

遠藤は、やっとの思いでＤＶから逃れた女性が、結局のところ生活を立て直すことができず、自ら加害者のもとに戻ってしまうケースをいくつも見てきた。だからこそ、困難な状況にある人を逃がしたり隠したりすることに頼るのではなく、地域のなかで元気に堂々と生きていけるようにする方法を粘り強く考えること、長期にわたって伴走を続けることを、何よりも重視しているのである。

2　行政と民間の協働
――女性パーソナルサポート事業

二〇二〇年にはじまったコロナ禍以降、Jikka《ジッカ》では生活困窮の相談が著しく増えた。また、一〇代から二〇代前半の若者や、七〇代以上の高齢者から相談が寄せられることも多くなっている。Jikkaがメディアで紹介されることも増え、支援を求める人々が全国各地からやって来る。時には、海外からも相談が寄せられる。

Jikkaが提供する居場所に集ったり、Jikkaによる支援を利用したりしているのは、ＤＶ被害者だけではない。貧困による生活困窮者、シングルマザー、高齢単身者、精神しょうがいを抱える人、家に居場所がない若年者、外国籍の人など、さまざまな困難を抱える人々が、この場所を頼りにしている。

Jikkaは必要に応じて一時避難用のシェルターを紹介したり、生活の基盤となる住まいの確保を手伝ったりする。役所や警察署、ハローワークなどでの手続きや、病院での受診に同行することもあるし、先ほど見た事例のように、利用者の安全を守るために通学に付き添うなど、かなり手厚い支援をおこなうこともある。個々の利用者とのかかわりは長期に及ぶことが多く、何年にもわたって支援が続くことも珍しくない。

他方で、国立市には、困難を抱える女性たちを支援する「女性相談支援員」(旧婦人相談員。本章第3節を参照)が四名配置されている(二〇二四年度時点、うち2名は専任常勤、2名は専任非常勤)。女性相談支援員は、DVを含む配偶者との関係、家族・親族の問題、健康問題、生活困窮などの相談を受け、庁内のさまざまな部署と連携しながら、必要に応じて一時保護や生活保護などのセーフティネットを提供している。

国立市のような小規模自治体で、女性相談を担当する職員を四名も置いているところはかなり珍しい。東京都内には常勤・非常勤を合わせて専任の女性相談支援員が四八名いるが[3]、そのうち四名が国立市なのである。近年の相談支援件数は年間一〇〇〇件以上に上っているが、この数字も、人口規模から考えるときわめて多い。東京都全体の相談支援件数は年間約三万件である[4]。東京都の人口は約一四〇〇万人なので、一〇〇〇人当たり二・一四件という計算になるが、国立市では一〇〇〇人当たり一三・一六件となっている。

女性相談支援員が担当する相談支援活動のほかにも、平日の昼間は「くにたち女性DVホットライン」、夜間と休日は「夜間休日女性電話相談」が電話相談を実施し、国立駅高架下の「くに

(3) 東京都内の区・市・西多摩福祉事務所・支庁の女性相談支援員の人数(2023(令和5)年4月1日時点)。東京都女性相談支援センターにも女性相談支援員などがいる。
(4) 東京都内の区・市・西多摩福祉事務所・支庁。

たち男女平等参画ステーション・パラソル」にも相談窓口がある（詳細は第6章を参照）。困難な状況にある女性たちが相談できる場は行政にも民間にも複数あり、かなり充実しているといえるだろう。

とはいえ、行政と民間のそれぞれに、得意・不得意や、できること・できないことがある。たとえば、ＤＶから逃れてきた女性に対する支援の場合、行政は一時保護のための公的シェルター（一時保護施設）の利用を案内する。一時保護施設はＤＶにより生命が危険にさらされている場合に利用できるもので、利用できるのは原則として二週間である。安全の確保を最優先としているため、外出が制限され、携帯電話やインターネットの使用も禁止されている。他の利用者と相部屋になることが多く、ある程度の年齢に達した男児は一緒に入居することができない。こうした厳しい制限を理由として、危険な状況にあっても一時保護を望まない人が少なくなく、国立市でも大きな課題となっていた。

公的シェルターではカバーできないニーズに応えるために、より自由度の高い民間のシェルターも全国に設置されているが、安定した運営が難しいところも多く、近年は閉鎖が相次いでいる。Jikka《ジッカ》でも、以前から緊急避難用のシェルターを運営しているが、十分な数の部屋を常に確保しておくのは財政的に不可能だ。

また、自立に向けて長期にわたる継続的な支援を必要とする人は多いが、行政の女性支援は、日々新たに寄せられる緊急性の高い相談への対応に追われ、長期的な支援にリソースを割くことが難しい。これも、国立市の担当者が以前から痛感していた大きな課題であった。

これらの課題が顕在化したことを受けて、国立市では、Jikkaをパートナーとして、徹底した官民連携体制を導入することにした。二〇一九（令和元）年にスタートした「女性パーソナルサポート事業」である。

二〇一三年にJikkaの立ち上げに向けた共同研究を始めたときから、官民連携の土壌は徐々に整えられてきた。二〇一八年には市の夜間休日電話相談をJikkaに委託し、開設されたばかりのパラソルとの連携も図ってきた。女性パーソナルサポート事業がすみやかに実施に至ったのは、関係する各アクターの間に、すでに強固な信頼関係ができ上がっていたからである。

他方で、事業の委託を受けたJikkaの側でも、市とのさらなる連携の必要性は認識されていた。とはいえ、Jikkaの遠藤は「行政の下請け」になるつもりはないと当初から明言している。Jikkaが目指してきたのは、制度の壁を前にしてあきらめたり、過度にリスクを恐れたりすることなく、手間を惜しまずに、利用者が必要としている支援を実現させることだ。そのなかで、行政にしかできないこと、民間にしかできないこと、どちらにもできることを見極め、互いの強みを活かした支援を実現させていくことが必要だと考えていたのである。

そのためには、行政と民間団体が対等な関係でいなければならない。市から事業委託を受け、予算をつけてもらうからといって、行政の命令に従うような関係になってしまっては意味がない。女性パーソナルサポート事業においては、国立市とJikka《ジッカ》の双方がこれを理解したうえで、連携が組まれるに至ったのである。

さて、こうしてはじまった国立市の女性パーソナルサポート事業は、当事者を中心に置き、地域のなかのさまざまなアクター（公的機関、民間団体、地域住民）が連携して、ワンストップ体制で支援を提供するものだ。相談対応や各種の支援は、Jikkaのスタッフと国立市の女性相談支援員の密な連携のもとで進められている。両者はほぼ毎日顔を合わせ、一緒に活動を進めている。

女性パーソナルサポート事業は、二つのメニューを中心に構成されている。一つは「短期宿泊事業」で、一時保護施設（公的シェルター）の利用を選択できない対象者に短期間の滞在場所を提供する。国立市やJikkaが保有している居室を利用するほか、都内のホテルやシェアハウスなどと提携して、複数の宿泊先を確保している。

このうち、市が保有する居室の整備にあたっては、家具販売のイケア・ジャパン株式会社が実施している「IKEA Family 募金」により、二〇二一年一〇月にIKEA立川から家具と日用品が提供された。キッチンには使いやすい道具が設置され、居室にはソファやデスクスペースがあり、観葉植物も置かれている。ベランダもくつろげるように整えられた。利用者からは、居心地がよくて心が休まると好評だ。Jikkaの事務所内も、同じ時期にＩＫＥＡ立川の協力で整備された。

女性パーソナルサポート事業のもう一つのコアは、Jikkaに事業委託している「中長期の自立支援事業」である。数年にわたる中長期的な支援を必要とする人に対し、継続的な相談や同行支援などをおこなうものだ。Jikkaのスタッフが担う支援の状況は、利用者本人の同意のもと、市の女性相談支援員とも情報共有され、制度利用などの際にきめ細かな配慮がなされるようにしている。

事業を開始してまもなくコロナ禍に見舞われたこともあり、支援案件は当初の想定よりも大幅に増えている。二〇二四年春の時点では、「短期宿泊事業」の利用は延べ二一五〇件、「中長期の自立支援事業」は延べ二五〇〇件ほどに上る。

Jikkaには、国立市の外からも支援を必要とする女性たちが大勢やって来るが、国立市の女性パーソナルサポート事業では、こうした女性たちも対象となる。人権を守るための事業においては、市内在住かそうでないかで線引きをするわけにはいかないからだ。だが、

イケアの協力で整備された居室

このことをめぐる課題は多い。

　そもそも、市外から支援を求めてやって来る人のなかには、もともと住んでいた自治体で支援を求めたがうまくいかず、それゆえに行政に対して不信感をもっている人が少なくない。DV被害や虐待を受けているという事実を行政の窓口で信じてもらえず、精神疾患であるという決めつけのもとで対応されるといったことも、実際に起こっている。そうしたケースでは、窓口に行って転居の手続きをすることさえも、恐怖と不安で難しくなってしまう。

　また、困難な問題を抱えた女性が生活を再建するために求められる行政サービスは多岐にわたり、とても複雑な手続きが求められる。子どもと一緒に避難してきた人、高齢者、しょうがいのある人など、それぞれに必要な支援は異なっており、各部署の連携が不可欠なケースもある。国立市の女性パーソナルサポート事

短期宿泊事業

公的な一時保護施設を利用しない
（できない）女性に
一時的な宿泊場所を提供。

■市が保有する居室
■Jikkaが保有する居室
■市外のホテル
■女性専用シェアハウス

中長期の自立支援事業

中長期的な支援を要する女性に
市の女性相談支援員と
Jikkaスタッフが継続して支援。

■相談支援
（カウンセリング、法律相談など）
■同行支援（各種手続き、通院、
仕事探し、住まい探しなど）
■アウトリーチ支援
（自宅訪問、家事支援など）

国立市女性パーソナルサポート事業の内容

業では、庁内各部署との連携や調整が必要になったときには、市の女性支援担当者がコーディネーターとなってすみやかに協力体制をつくれるようにしている。

国立市では、他の市区町村に在住している人であっても、この事業による支援を受けて今後国立市で生活していく意思を明確にした場合、その時点から生活保護などの福祉サービスを受けることが可能となっている。だが、かなり小規模な自治体であるがゆえに予算には常に余裕がなく、今後も行政としての責任を背負い続けていくには限界がある。複数の自治体が参加する広域連携を実現させることは喫緊の課題で、東京都や国に対して提案を続けている。

同じように、民間団体同士の協力関係を構築することも欠かせない。地域の多様な資源を活用し、支援活動の理解者を増やすことは、安定した支援を提供し続けるためにきわめて重要だ。実効性のある支援のためには、民間団体と行政との連携だけでなく、役所のなかでの庁内連携、自治体間の広域連携、そして民間団体の間の連携が不可欠なのである。

3　当事者中心の支援
――「困難な問題を抱える女性への支援に関する法律」

二〇二四（令和六）年四月に「困難な問題を抱える女性への支援に関する法律（以下、女性支援法）」が施行された。生活困窮、ＤＶや性暴力・性犯罪被害、家族関係など、性差に起因するさまざまな困難を抱える女性を包括的に支援するための法律である。

これ以前には、困難を抱える女性たちの支援は、一九五六（昭三一）年に制定された「売春防止法」のもとで、「性行または環境に照らして売春を行うおそれのある女子」（要保護女子）の「保護更生」を図る「婦人保護事業」を拡大解釈する形でおこなわれてきた。だが、売春防止法に法的根拠を置くこの事業において、複雑かつ多様なニーズに対応する支援をおこなうことには制度的な限界があり、長らくその是正が求められていた。それがようやく実現したのである。

売春防止法にもとづく婦人保護事業においては、「婦人相談員」が「要保護女子」の支援にあたっていた。その役割は、「要保護女子につき、その発見に努め、相談に応じ、必要な指導を行い、及びこれらに付随する業務を行う」（同法第三五条、傍点引用者）ことだった。

これに対して、女性支援法においては、「女性相談支援員」が「困難な問題を抱える女性について、その発見に努め、その立場に立って相談に応じ、及び専門的技術に基づいて必要な援助を行う」（同法第一一条、傍点引用者）こととされている。

新たに制定されたこの法律では、基本理念（第三条）として以下の三点が掲げられている。

（1）困難な問題を抱える女性の意思を尊重し、最適な支援を包括的に提供する体制を整備すること。

（2）関係機関及び民間の団体の協働によって切れ目のない支援が実施されるようにすること。

（３）人権の擁護を図るとともに、男女平等の実現に資すること。

実のところ、この法律の制定に向けた検討過程においては、国立市でそれまで展開されてきた先駆的な実践事例が大いに参照されていた。Jikka《ジッカ》が掲げてきた支援の理念と、国立市とJikkaが協働しながら構築してきた「官民連携」の枠組みは、この法律のエッセンスにぴったりと重なっている。

先にも触れたとおり、Jikkaの遠藤は、やっとの思いでＤＶから逃れた女性が、最終的に自ら加害者のもとに戻ってしまうというケースを多く目にしてきた。そして、「こうした支援でいいのか」と自問を続けてきた。

支援者は、支援を求める人から相談を受け、その人が抱えてきた困難を知り、そこから支援をスタートさせる。その人が暴力や困難から逃れて、新しい生活をスタートさせることができるよう力を尽くす。だがそのプロセスは、困難を抱える本人にとっては困難な決断の連続だ。重要なことであればあるほど迷いが生じ、ＤＶ加害者のもとに自らの意志で戻ってしまったり、支援者に理解してもらえていないと感じ、精神的にさらに追い詰められたりすることもある。

遠藤が考える「当事者中心主義」とは、本人が自分のペースでじっくりと考え、納得したうえで決断できるように支援することを指す。Jikkaが設立当初から追求してきたこのような支援は、当然ながら時間がかかり、手間やお金もかかることが多い。だからこそ、行政と民間団体がそれぞれの強みを活かして、不足しているリソースを補い合いながら、しっかりと連携して進めていく必要があるのだ。

「官民連携」は、民間団体の地道な取り組みの蓄積に注目することによって生まれた新しい理念であり、当事者中心の支援を実現するために不可欠な枠組みである。婦人保護事業のもとでおこなわれてきた女性支援のあり方を刷新し、真に実効性のある支援体制をつくっていくためには、行政と民間団体との関係を根本的に見直す必要がある。こうしたパラダイム転換をどのように実現していけるのか、全国の自治体が試行錯誤を重ねているところである。

二〇二四（令和六）年の七月から九月にかけて、国立女性教育会館（ＮＷＥＣ）で大規模な研修が開催された。自治体の女性支援事業担当者と女性支援関連施設の相談業務担当者が全国から参加し、当事者中心の支援体制づくりと、そのための連携のあり方を検討するという研修である。七回のオンライン講義のあとに実施された対面研修では、厚生労働省の女性支援室とともに、国立市市長室長の吉田、Jikka《ジッカ》責任者である遠藤、パラソル・ステーション長の木山が登壇し、それぞれ報告をおこなった。今後、国立市での先行事例を参照しながら、全国各地で地域の事情に即した支援のあり方が開発されていくものと思われる。

他方、国立市では、支援体制のさらなる拡充のため、二〇二五年度までに市独自の計画を策定しようとしている。これまでの女性支援の取り組みを、当事者からのヒアリングをふまえて詳細に点検し、改善点を洗いだしたうえで、それを具体的な計画に落とし込む作業が精力的に進められている。

この女性支援計画のなかでは、二〇一八（平成三〇）年五月に開設された「くにたち男女平等参画ステーション・パラソル」の活動も重要な柱の一つとされ、取り組みを一層充実させることが目指されている。

「パラソル」は、同年四月に施行された「国立市女性と男性及び多様な性の平等参画を推進する条例」のための拠点施設で、ＪＲ国立駅の高架下という立地を活かして、ジェンダーや性の多様性に関連する相談活動や啓発活動などをおこなってきた。次章では、この「パラソル」の活動について詳しく見ていくことにしたい。

NWEC での全国研修の様子

第6章

ジェンダー平等推進のための拠点づくり
――「くにたち男女平等参画ステーション・パラソル」の活動

1　開設までの道のり

全国の自治体のなかには、一九七〇年代から一九八〇年代にかけて、「婦人会館」や「婦人教育会館」といった施設を設置したところが少なくない。これらは女性団体の活動拠点、あるいは女性問題学習の場として用いられてきた。

一九九〇年代に入ってからは、女性の地位向上や男女共同参画の推進を目的とする「女性総合センター」、「女性センター」といった施設が続々と造られた。こうした施設は、相談活動のなかから見えてきた具体的課題を施策に取り入れたり、女性問題講座を通じて生じた女性たちの意識の変化を草の根の活動につなげたりする際の拠点として、重要な役割を果たすと見なされている。

国立市でも、女性支援の拠点となる施設が必要だという声は上がっていた。一九九三（平成五）年に策定された第一次男女平等推進計画には、「女性問題解決のための活動の拠点となる、女性センター建設の計画化を検討する」と明記されている。

これは一九九六（平成八）年に策定された第二次計画にも引き継がれたが、実現しないまま、二〇〇一（平成一三）年からの第三次計画では削除された。ちょうど男女共同参画社会基本法に対する激しいバックラッシュが起こり、各地の自治体で女性センターの予算や人員が削減されるという事態が相次いでいた時期にあたるが、国立市の場合はむしろ、公民館が女性センターに代わる役割を果たしてきたことが関係していたのかもしれない。

二〇〇六（平成一八）年に策定された第四次男女平等推進計画には、「男女平等の意識づくりと拠点づくり」が課題として掲げられたが、その内実は、「男女平等を推進するための拠点として、公民館・図書館の機能を充実し、市民や団体等が身近で学習、研究等ができるように工夫します」というものだった。

とはいえ、市内でとくに困難な状況にある女性の支援にあたってきた市民たちは、アクセスしやすい場所に女性支援の拠点を設けることを切望していた。市役所に女性相談窓口はあったが、より利便性の高い場所に相談や啓発活動の拠点があれば、相談に行く際のハードルはぐっと下がる。また、女性支援に特化した施設が造られることは、取り組みの重要性を示すうえでも大切だ。

それが実現する可能性が浮上したのは、二〇一三（平成二五）年のことである。二〇一一（平成二三）年にJR中央線の高架化が完成し、国立駅周辺の整備計画が本格化していたころで、国立駅高架下に予定されていた市の複合施設の具体的なあり方に関する議論が進められていた。以前からDV被害者支援に携わっていた遠藤良子らは、そこに女性相談窓口をつくれないかと考えるようになった。そして、二〇一三年の夏、それに共鳴していた市議会議員の上村和子とともに、当時の佐藤市長に提案したのである。この時期、市長もDV被害者をはじめとする女性支援に力を入れる必要があると考えはじめていた。

市長に先行事例として紹介されたのは、遠藤が女性相談員を務めている埼玉県八潮市の事例である。八潮市では、つくばエクスプレス八潮駅に隣接して八潮市役所の出張所が置かれており、その出張所内に「女性相談窓口」が設けられていた。

国立市の担当課長は、さっそく現地視察に出掛けた。それをきっかけとして、国立駅の高架下に新たに設ける行政サービス施設のなかに女性相談の窓口を設置することが、本格的に検討されるようになった。

「国立駅周辺まちづくり会議[1]」や庁内での調整を経て、二〇一五（平成二七）年四月には、翌年に完成する予定の高架下東側の市役所出張所内に、「女性等を対象とした相談事業の実施と、より一層の啓発活動を行う施設を整備する」ことがほぼ決定していた。同月初旬に開催された市民

説明会の配布資料には、相談室のレイアウト案も掲載されている。(2)

男女平等推進市民委員会が二〇一六(平成二八)年三月に提出した第5次計画案の答申には、「男女平等・男女共同参画施策推進の拠点としての(仮称)男女平等・男女共同参画推進センター機能の検討を行う」と明記され、その後に策定された第5次計画にも、この文面がそのまま盛り込まれている。その後、市民委員会で条例の内容について検討がおこなわれた際には、「拠点」の設置は既定路線として扱われることになった。

ただし、高架下に造られる施設の面積はかぎられており、拠点として使用できるスペースは小さな事務室と相談室のみである。当初から、これは動かし難い制約だった。とはいえ、駅に隣接した利便性のよい立地は強みである。市長室の室長としてこの件を担当していた吉田徳史は、ほかの自治体が設置している施設の見学を繰り返し、市長やほかの部署の関係者とも相談しながら、この強みを最大限に活かすにはどうするべきかと思案した。

導きだされた結論は、情報発信と啓発活動にとくに力を入れ、これまで市役所の相談窓口を利用することのなかった市民層にアプローチすることを目指すという方針であった。こうした業務は、民間団体に委託することで柔軟性が保持しやすい。市民の意見を取り入れる仕組みをつくりながら、市が委託する民間団体が運営を担うという形態が、二〇一七(平成二九)年の夏には市長室のなかでほぼ固まっていた。

2　事業計画

高架下に設置される拠点の業務内容や開設時間、スタッフの配置、委託事業者と市長室の連携体制、市役所で実施している女性相談との役割分担など、具体的な計画を詰める作業がおこなわれたのは、二〇一七（平成二九）年の夏から秋にかけてのことだった。同年一一月に市長室が作成した庁内資料「くにたち男女平等参画ステーション事業内容」に、その詳細が示されている。活動の指針となるコンセプトは、以下の四つである。

❶利用者一人ひとりの人生に寄り添い、気持ちや思いを大切にすること。

❷アクセスのよさを活かし、これまでかかわる機会のなかった人に利用してもらえるようにすること。

❸自分の人生を自らの意思で決定することをサポートすること。

（1）国立駅周辺再整備の具体的な検討は、二〇〇九（平成二一）年に国立市が制定した「国立駅周辺まちづくり基本計画」にもとづき、市民や専門家、関係機関などで構成される「国立駅周辺まちづくり会議」がおこなっている。

（2）二〇一五（平成二七）年四月二・三・四日に開催された「国立駅周辺まちづくり市民説明会・意見交換会」の来場者配布資料、一四ページ、一九～二一ページ。

❹市内全域で講座や企画を開催するアウトリーチ型の施設とすること。

利用する対象者として想定したのは、市内在住者のほか、在勤・在学者、市内で男女平等の実現に向けて活動する企業や団体などであった。

施設の名称は、「くにたち男女平等参画ステーション」とした。「くにたち」という平仮名での表記には、利用者にわかりやすく親しみを込めるという意図がある。「国立」は「こくりつ」とまちがえられることが多いので、平仮名表記が用いられることは珍しくない。

「男女共同参画」ではなく「男女平等参画」としたのは、あらゆる性別における平等が依然として実現されていないという現状があることをふまえたものである（本当は「男女」という表現もほかのものに変えたかったが、主に制度面でまだ機が熟していないと判断した）。

また、「センター」ではなく「ステーション」という言葉を採用したのは、施設がＪＲ国立駅に近接しており、高架下に設置されること、ステーションには「場所」という意味もあることが理由である。男女平等参画を推進する「地域の場所（拠点）」を目指したい、という意図が込められている。

運営体制は、責任者一名と相談員兼事務員三名以上とした。責任者は、ステーションの事業の総合的管理、調整をおこない、市の所管課である市長室と緊密に連携しながら事業を運営する。

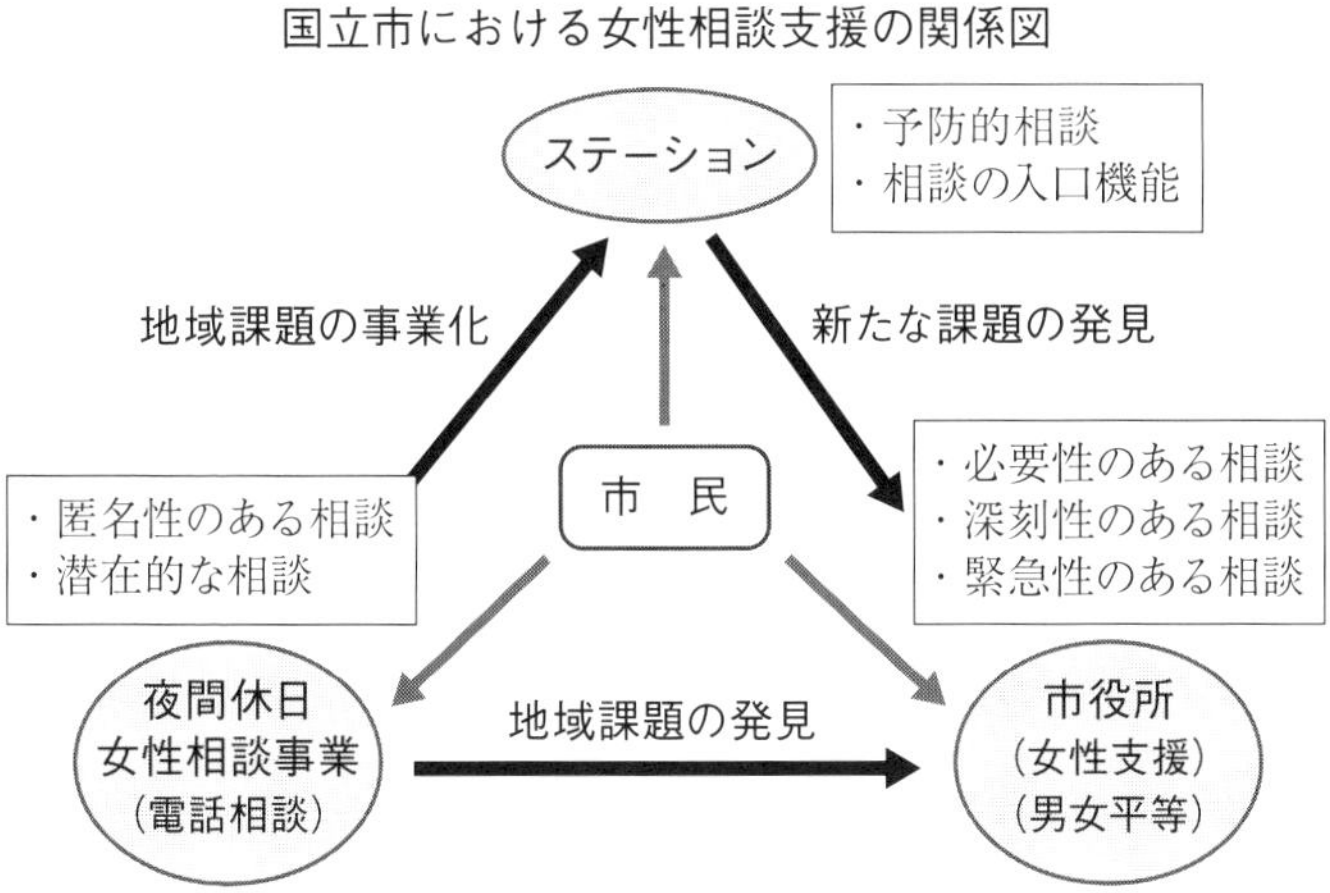

国立市における女性相談支援の関係図

相談員兼事務員は、常設の総合相談窓口の相談員としての役割を担うとともに、そのほかの各事業の企画立案や広報等の業務を担う。

相談事業に関しては、市内の他の相談機関との役割分担のあり方も明示されている。市が以前から実施してきた女性支援や夜間休日女性相談事業との関係は、上の図のように構想された。

ステーションで実施する事業は、①男女平等参画に関する相談事業、②普及啓発事業、③情報収集・提供・発信事業、④交流促進事業、⑤調査・研究事業、⑥ステーションサポーター会議、の六つである。各事業の詳細については、のちほど詳しく見ていきたい。

事業を委託する事業者の選定は、競争入札ではなく、公募型のプロポーザル方式をとった。民間の事業者による企画提案をもとに、実施体制や実績を総

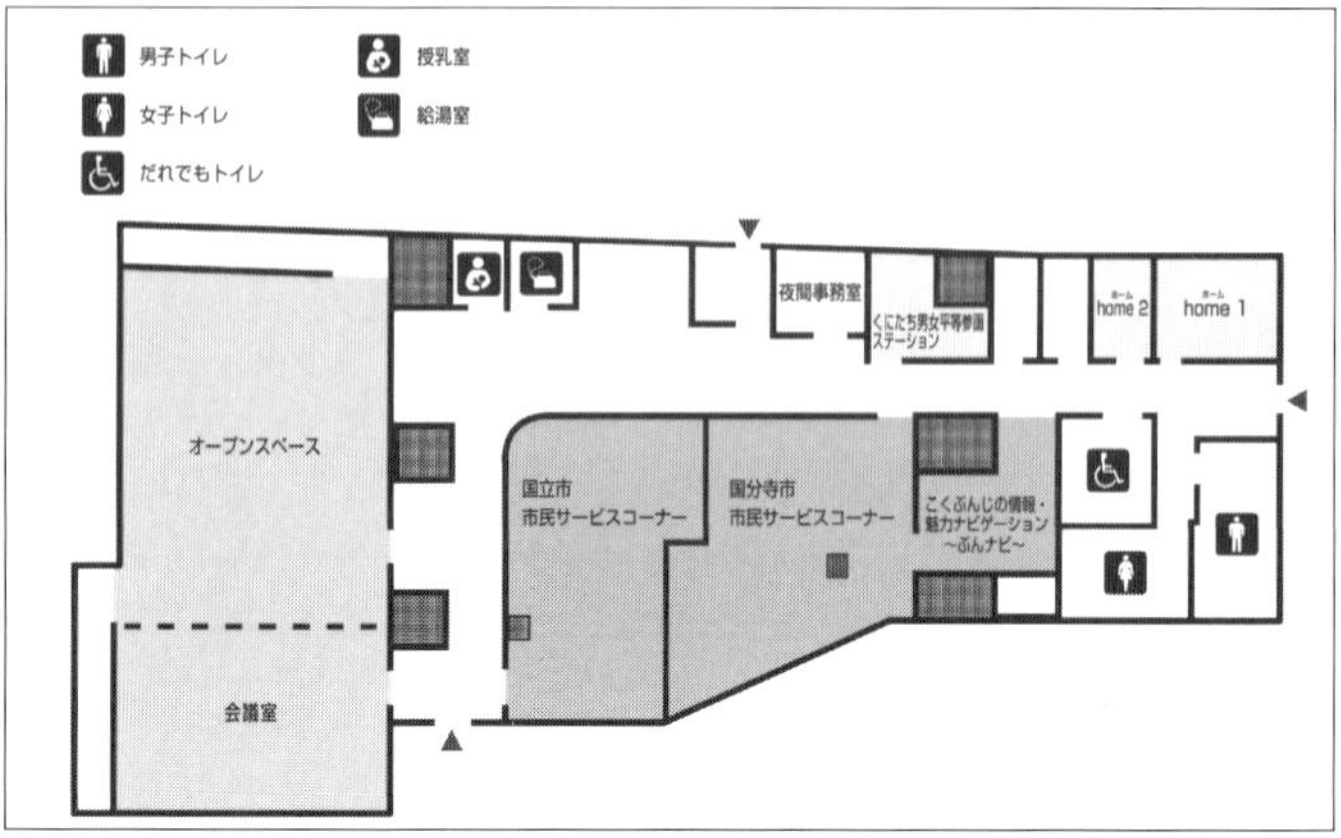

くにたち・こくぶんじ市民プラザ　建物案内図

市民プラザ内のオープンスペース

パラソル事務室の入り口

合的に判断して選定することが望ましいと考えたからである。

選定の結果、「ステーション」の事業は、国立市に隣接する東京都立川市を拠点に子育て支援やダイバーシティ推進にかかわる事業をおこなう「株式会社シーズプレイス」に委託されることになった。二〇一六（平成二八）年に創業したばかりの会社だったが、母体である「NPO法人ダイバーシティコミュ」には東京都武蔵村山市の男女共同参画センターの指定管理の実績があり、情報誌の発行、交流事業、働く女性の支援や保育事業などのほか、男性からの相談対応もできる事業者であることなどが選定の決め手となった。

3　運営を担う人々

こうして、二〇一八（平成三〇）年五月、国立駅の高架下に「国立駅前くにたち・こくぶんじ市民プラザ」がオープンするとともに、「くにたち男女平等参画ステーション」が開設された。株式会社シーズプレイスがステーションの運営を任せた社員は、木山直子である。

木山は、シーズプレイスに入社する以前、渋谷区の「渋谷女性センター・アイリス」の職員として働いていた。初職は百貨店のカルチャー部門担当だったが、妊娠中毒症のために退職し、しばらく専業主婦をしていた時期もある。

ジェンダーに関心をもつようになったのは、子どもを育てながら有償ボランティアとして東京都東久留米市の男女共同参画情報誌の編集にかかわるようになってからだ。情報誌の取材をしながら問題意識がふくらみ、大学の聴講に通うなどして学びはじめたという。のちに渋谷区の「アイリス」に就職することになったのは、東久留米市の男女共同参画都市宣言（二〇〇〇年）の準備に携わっていたころに知り合った関係者からの推薦によるものだった。

木山には息子が四人いる。まだ幼かった子どもたちを育てながらフルタイムで仕事をすることには不安もあったが、当時、ＰＴＡの役員を一緒に務めていた友人が背中を押してくれた。そこで心が決まり、自分に代わってＰＴＡの業務を担ってくれた彼女に報いるためにも、渋谷区での仕事に全力で向き合うことを決意したという。

仕事をしながらフェミニズムや性の多様性についての本を読みあさり、時間の許すかぎり大学の講義を聴講し続けた。当時のことを木山は、「資格も何もない状態で、自分なりに必死に勉強したんですよね。渋谷という立地もよくて、いろいろな大学の講義や公開講座に通いました。アイリスは、希望すれば職員研修として学ぶ機会を確保してくれる、いい職場でした」と振り返っている。

相談業務や講座の企画、情報誌の編集をはじめとする仕事にはやりがいがあり、誇りをもって懸命に取り組んだ。二〇一五（平成二七）年に渋谷区が全国で初めて同性パートナーシップ制度を導入した際には、鳴り止まないクレーム電話への対応も担った。異なる考え方をもつ人と根気よく向き合う姿勢は、こうした経験を通じて育まれたものである。

アイリスには八年ほど勤務したが、一年契約の非正規雇用で、収入も多くはなかったという。責任の重い仕事を任され、やりがいは感じていたが、働き続けることができたのは夫の収入があったからであり、そのことにずっと悔しい思いを抱えていた。ほかのスタッフもみんな非正規で、異動でやって来る管理職だけが区の正規職員だった。

渋谷区にかぎらず、自治体が設置する男女共同参画センターで実務を担っている職員は、ほとんどが一年ごとに契約更新される非正規職員である。専門性が求められる仕事ではあるが、資格が必要とされるわけではなく、志をもつスタッフの自己研鑽で成り立っているというのが実態だ。男女共同参画やダイバーシティ推進へのバッシングが激しいときに矢面に立たされるのも、こうした職員である。どんなに有能であっても雇用形態は不安定で、収入も低い。自らの収入で生計を立てることもままならない状況は、センターが推進する男女共同参画の理念とは明らかに矛盾している。

全国各地に見られるこうした状況をなんとか改善したいと、木山はずっと考えていた。やがて、こうした思いを共有してきた仲間の一人である森林《もりばやし》育代が、「属性にかかわらず誰もがその人らしく活躍できる社会づくり」を目指して「ＮＰＯ法人　ダイバーシティコミュ」を立ち上げる。

そして、センター職員の公正な雇用を実現するべく、武蔵村山市の男女共同参画センターの指定管理者となった。

森林《もりばやし》のこうした挑戦に木山は強く賛同し、のちに株式会社シーズプレイスが設立されたタイミングで転職したのである。その後、シーズプレイスが二〇一八（平成三〇）年に「くにたち男女平等参画ステーション」の事業を受託すると、当初は森林がステーション長となり、木山は副ステーション長を任された。翌年からは木山がステーション長となって現在に至る。

木山を補佐する副ステーション長の川和さと美は、子育て支援団体の出身である。立川市が発行する子育て情報誌「ほほえみ」が募集していた市民編集メンバーに応募し、「現役ママ」の目線による情報発信に取り組んだのがはじまりだった。子育てに専念するために会社を退職して専業主婦をするなかで、子育て中の女性が孤立しやすい状況にあると感じ、支援を受けるだけでなく、子育てをしながら活動できる場が必要だと考えていたという。

パラソル事務室前のカウンター

情報誌編集の任期が終わったあとは、一緒に編集をしていたメンバー七人で子育て支援団体「ワッカチッタ」を立ち上げ、イベントを企画したり、情報サイトをつくったりといった活動を続けた。数年が経ったころ、メンバーの一人である石橋由美子が、すでに「NPO法人　ダイバーシティコミュ」を立ち上げていた森林育代とともに株式会社シーズプレイスを設立することになり、川和もそこに合流した。

当初は、立川市の本社でパートタイムとして働いていたが、二〇一八（平成三〇）年に「くにたち男女平等参画ステーション」が開設された際、木山とともに専任スタッフとなった。とはいえ、最初の四年間は週に二～三日、一四時までのパートタイム勤務であった。初めて担当した仕事は、パネル展示をはじめとする情報発信業務である。子育て支援団体で活動していたころからイラストを描くことが多かったが、そうした経験が買われたわけではなく、木山から「なんとなく」割り振られたという。

やがて、相談業務やイベントの企画運営なども手がけるようになり、二〇二二（令和四）年からはフルタイムの正社員となった。同時に、副ステーション長として管理業務にも携わることになり、現在に至っている。

木山と川和以外のスタッフは四名いるが、いずれも非正規雇用のパートタイム勤務である。開設当初から入れ替わりはあったものの、ほとんどは信頼できる関係者からの紹介で採用されたスタッフで、それぞれに個性や得意分野を活かしながら業務に取り組んでいる。

いずれはフルタイムの正社員を増やしたいと木山は考えているが、運営予算の問題だけでなく、物理的な制約もあってなかなか難しい。事務室が狭いために執務スペースの確保が難しく、フルタイムのスタッフを増やす空間的余地がないのだ。国立駅の高架下という立地は、確かに利便性は高いが、活動の幅を広げるうえでは課題が多い。それも含めて、挑戦しがいがあるともいえる。

4 主な活動

「くにたち男女平等参画ステーション」には「パラソル」という愛称がある。開設後に市民公募で案を募り、二八件の応募のなかから三案を選んで、市民投票で決定した。もっとも投票数が多かったのが「パラソル」だった。強い日差しから人を守るパラソルは、さまざまな色や形、素材でつくられる。多様性を大切にする場所、その下に集まって話をしたり、休憩したりできる場所、という意味が込められている。

そこでは、日々どのような活動がおこなわれているのだろうか。主なものを紹介していこう。

▽(1) 情報発信事業

パネル展示

パラソルが開設されたとき、現場の責任者であった木山からスタッフ川和への最初の指示は、「模造紙とポスカ（水性インクのフェルトペン）、買っていいから」という言葉だった。川和は、「言葉の意味はわからないし、まったくイメージも湧かなかったんですが、とりあえず『アナログだな』と思った」という。

当初は大きな模造紙にポスカで文字とイラストを描き、それを三枚のパネルに貼り付けて、パラソルが入居している「国立駅前くにたち・こくぶんじ市民プラザ」内のオープンスペースに展示していた。素人的で手づくり感満載のパネル作成は、行政による情報発信としては珍しくはないが、それをつくる立場になった川和には、「本当にこれでいいのか…？」という不安もあったという。その後、川和

最初のパネル展示（2018年５月）

はめきめきとパネル製作の腕を上げ、熟練の「パネル職人」へと成長した。

パネル展示は、「パラソルの顔」ともいえる活動である。たとえば、毎年三月八日の「国際女性デー」が近づくと、その成り立ちや女性参政権の歴史などを説明するパネルを展示する。女性の地位向上や差別撤廃に向けた取り組みを応援するメッセージをカードにして、一緒に掲示したりもする。

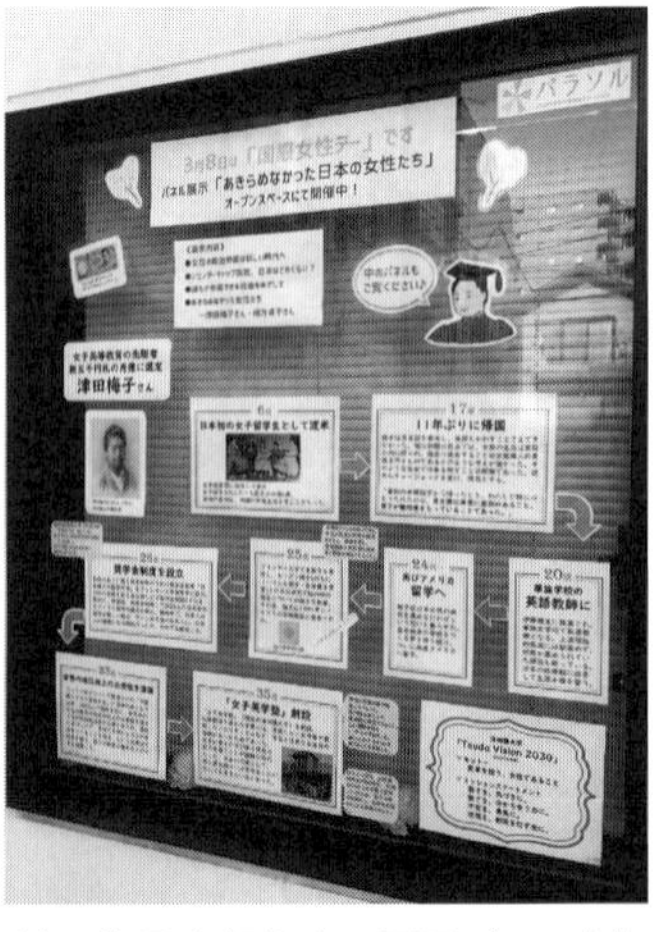

津田梅子を紹介する展示（2020年）

開設一年目は、著名な女性たちによる名言を展示し、二年目は津田梅子（一八六四〜一九二九）や緒方貞子（一九二七〜二〇一九）の生涯や功績を紹介するなど、毎年異なる内容を付け加えている。近年は、性別にかかわらず、前向きに生きることを応援する言葉を選ぶようになった。

かつて女性が参政権をもてなかった時代があったということ、声を上げてそれを勝ち取ってきたということを多くの人に伝え、性別にかかわらず、自分らしく生きられる社会を目指そうというメッセージを届けたいと考えている。

展示を見た市民から、「この海外女優の言葉を使うのは気に入らない」、「私は専業主婦だから、この展示を見ると責められているような気持ちになる」、「女性が社会に出ることで日本はダメになっている」といった言葉をかけられることもある。木山もほかのスタッフも、その都度ゆっくりと対話をおこなっている。批判的なものであっても、感想がもらえるのは嬉しいものだ。

「国際女性デー」は「ミモザの日」とも呼ばれている。ここ数年でかなり知名度が上がり、三月初旬に街中に飾られる「黄色いミモザ」を目にすることが増えた。パラソルでも、商店街や地域の団体、公民館などと協力してミモザのリースやロゴマークなどを飾り、「国際女性デー・ミモザウィークくにたち」と題して盛り上げている。

国立駅前にある旧駅舎でもパネル展示をおこない、駅利用者や市民に関心をもってもらえるよう、駅舎を黄色にライトアップしたりもしている。また、市民からのメッセージを募集し、カードにして掲示したり、高架下のウィンドウを利用した展示などもおこなっている。Jikka《ジッカ》のハンドメイド部と協力し、ミモザカラーの布でくるみボタンをつくるというワークショップを開催したこともある。

毎年一一月は、「児童虐待防止推進月間」であると同時に、内閣府などの主唱により「女性に対する暴力をなくす運動」がおこなわれる期間でもある。密接に関連するこの二つの対策を推進するため、国立市では前者のシンボルとなっているオレンジ色のリボン、後者のシンボルとなっているパープル色のリボンを組み合わせた「Wリボンキャンペーン」を実施している。旧国立駅舎やウィンドウでの展示のほか、市役所の市民ロビーや「くにたち福祉会館」などでも展示をおこなうなど、相談活動の広報を強化し、専門家による講演会も開催している。

　児童虐待もＤＶも相手を支配する暴力で、被害者も加害者もそれに気づかない、あるいは認めたくないというケースが少なくない。まずは知ってもらうことが大切だ。だからこそ、できるだけ多くの人が集まる場所で展示をしたい。とはいえ、一般的には目を背けたくなるようなテーマの展示を、国立市のシンボルであり市民の憩いの場でもある旧国立駅舎でおこなうことには、かなりの勇気が必要だ。できるだけ優しいタッチのイラストを多

（上）旧国立駅舎での「ミモザウィークくにたち」展示
（下）くるみボタンのワークショップ（いずれも2024年３月）

用し、柔らかな雰囲気をつくりながら、多くの人に見てもらえるように工夫している。

　こうした展示を見て、自分の状況がＤＶ被害であることに気づき、相談窓口から支援機関へとつながったケースも実際にあった。公共の場での展示の重要性、各機関との連携の必要性を改めて認識した出来事だった。

　他方で、「そのような過激な言葉を子どもに見せたくない」という意見が寄せられ、一部の展示を取り外したこともある。そうした声も、無関心ではないということの表れだ。多くの人に「自分ごと」として考えてもらうために、どのようなメッセージをどのように届けるのがいいのかと、考え続けている。

「リプロダクティブ・ヘルス／ライツ」（性と生殖に関する健康と権利。七一ページも参照）について展示をおこなったときには、生理のこと、産むか産まないかの選択などについて、普段は口にしづらいことも含めて深く掘り下げた。

　こうした展示に対して、「言いたくてもなかなか言えないこと

国立駅前くにたち・こくぶんじ市民プラザ前のウィンドウ展示

市民プラザ内のオープンスペースにおけるパネル展示

「私の身体は私のもの」展示内容の一部（2022年）

が書いてあって嬉しかったです」という感想を寄せてくれた人がいた。「私のからだは私のもの」という当たり前のことを、堂々と語ることができる人は多くない。デートＤＶや望まない妊娠などに苦しむ若い世代の人にも、こうしたことをしっかりと伝えていかなければならない。

パネルを作成するときは、毎回スタッフたちが長い時間をかけて話し合う。わかりやすいか、上から目線になっていないか、情報は正確か、順番はこれでいいかなど、何度も何度も確認する。文字ばかりが多くなりすぎないように、親しみやすいイラストも多用し、読んでもらうための工夫を重ねる。こうしたパネル展示が何かを考えるきっかけになれば、と願いながら作成している。

内容について、関係者からは「攻めていますね」と言われることも多い。もしかしたら、見る人の気持ちをざわつかせることがあるのかもしれない。スタッフたちがもっとも気をつけていることは、「誰も傷つけない」やり方で情報を発信することだ。

たとえば、性別役割分業について疑問を投げかける際にも、「自分は『男らしさ』『女らしさ』の規範を大切にして

「私の身体は私のもの」展示（2022年）

暮らしたい」と思っている人の生き方を否定する意図はない。DV防止の啓発をする際には、異性愛者だけを対象にしているかのような表現にならないように、多様性を表現したオリジナルのキャラクターなどを使用している。情報発信をおこなうスタッフたちは、何かを教えたり、導いたりする立場ではない。「ともに考える」姿勢を徹底するよう、いつも心がけている。

市民の反応を知りたくて、パネルの前にノートを置き、感想を書き込んでもらえるようにした。展示内容についての感想だけでなく、パラソルへの応援の言葉もあり、スタッフは大いに励まされている。できるだけ市民と同じ目線で、何かしら心に響くような情報発信を続けていくことが使命であると思っている。

情報誌の発行

パラソルでは、情報誌『パラソル』を年に二回発行している。開設一年目は、パラソルを広く知ってもらうために市内全戸に配布した。二年目からは、市役所、市内の公共施設、JR矢川駅、谷保駅などに置いている。

情報誌が完成すると、毎回、ステーション長の木山が市内を自転車で回り、お世話になっている個人や団体、取材に協力してくれた団体などに直接届けている。その際には、近況を聞いたり、パラソルから直近のイベントの予定などを報告したりもする。こうした世間話の時間は、市民との貴重な交流機会となっている。

情報誌に掲載する内容は、パラソルのスタッフたちが話し合って決め、分担して作成している。本の紹介コーナーにどんな本を載せるのかについても、毎回、議論して決めている。

完成前には、市長室から細かいチェックが入る。二〇二一（令和三）年に担当職員となった岩元和也は、とりわけこの情報誌のチェックに力を入れており、情報誌の入稿が迫る時期には、岩元と木山の根気強い話し合いが延々と続くのが常である。議論を交わしながら何度も何度も修正し、やっとでき上がった八ページの紙面には、スタッフたちが届けたい情報と想いがいっぱいに詰まっている。それを木山は市内各地に自ら届け、岩元は市の全職員にメールで配信している。

情報誌『パラソル』第4号（2020年2月）の表紙

ウェブサイトやSNSによる発信

パラソルのことをウェブサイトやSNSで知り、相談の電話をかけてくる人もいる。「スマホで見て連絡した」という人が増えてきたので、二〇二〇（令和二）年にウェブサイトをリニューアルし、スマートフォン表示にも対応できるものにした。

こうしたことは、若い世代により多くの情報を届けるための工夫でもある。ほかにできることはないかと考えたスタッフたちは、思い切ってYouTubeチャンネルを開設し、動画で情報を配信することにした。

デートDVや性的同意、児童虐待などといったテーマは、子どもや若者にもぜひ知ってもらいたい情報だが、表現の仕方によっては耳を閉ざされてしまうこともある。パラソルの動画では、親しみやすいキャラクターを登場させながら、視聴者に静かに語りかける表現を心がけている。幸いなことに好評で、学校の授業で使用したいという連絡も来るようになった。もちろん、「どんどん使ってください」といつも答えている。

▽(2) 相談事業

専門相談

パラソルでは、四種類の専門相談を実施している。

弁護士による「法律相談」では、離婚、労働やハラスメントなどに関する法律的な相談に対応している。転職や再就職、家庭と仕事の両立など仕事全般の悩みに答える「みらいのたね相談」は、キャリアカウンセラーが対応している。

さらに、心理カウンセラーが家族関係や育児・介護などさまざまな悩みを聴く「悩みごと相談」と、専門相談員が性的指向、性自認などを含む「性の相談」に対応する「ＳＯＧＩ（ソジ）相談」がある。「ＳＯＧＩ相談」では、本人だけではなく家族からの相談も受け付けている。「ＳＯＧＩ」とは個人の性のあり方を示す用語で、「性的指向（Sexual Orientation）」と「性自認（Gender Identity）」の頭文字によるものだ。

性的指向が異性に向いているか（異性愛）、同性に向いているか（同性愛）、あるいは両方に向いているのか（両性愛）、どちらでもないのか（無性愛）。性自認は女性であるか男性であるか、あるいはどちらでもないのか（Ｘジェンダー／ノンバイナリー）。さらに、性自認が出生時の戸籍の性と一致しているのか（シスジェンダー）、一致していないのか（トランスジェンダー）など、さまざまな組み合わせがありうる。

「性のあり方はグラデーション」だとよく言われるとおり、顔や性格が異なるのと同じように性のあり方も多様で、境界がはっきりしているわけではない。「ＳＯＧＩ」という用語は、個人の性のあり方が多数派に属するものであっても、少数派であっても、すべての人を包摂して表すことができる言葉である。

性の多様性は、一部の少数の人の問題ではなく、すべての人に関係する「人権の問題」である。パラソルでは、こうした認識のもとで、性に関する相談を「ＬＧＢＴ相談」ではなく「ＳＯＧＩ

相談」と名づけ、すべての人が利用できるようにしている。

専門相談は予約制で、無料で利用できる。一回あたり五〇分（法律相談は三〇分）で、それぞれの専門家が対応している。提供できる枠はかぎられており、すぐに予約で埋まってしまうこともあるが、できるだけ多くのニーズに応えられるようにしていきたいと考えている。

生きかた相談

専門相談のほかに、「生きかた相談」も実施している。パラソルの全スタッフ（相談員兼事務員）が、健康、家庭、暮らし、仕事など、自分らしく生きていくうえで課題となるさまざまな不安や悩み、困りごとについての相談を受けている。開館時間内であれば、いつでも対応している。

寄せられる相談内容は、家族のこと、親との付き合い方や子どもとの関係、パート先での人間関係、転職、友達に対するモヤモヤ、習い事先でのトラブルなど、さまざまだ。コロナ禍で多くの人が外出を控えていたころには、「一か月くらい誰とも話していません。話し相手になってください」という電話があった。長い世間話のあとに、深い悩みが話されるということもある。もちろん、内容によっては専門機関を紹介することもある。

何度も繰り返し電話をかけてくる人もいる。会ったことのない相談員に対して、普段人には話さないようなことも多く語られる。電話だからこそ話せることもあるのだろう。受けた相談の内容についてはスタッフ内で共有するが、相談者のプライバシーは必ず守っている。

相談ごとがなくても、通勤・通学の途中でふらりとパラソルに立ち寄り、スタッフと話をしていくという人もいる。雑談のなかで楽しかったことや悲しかったことを話し、「じゃあ、また」と言って去っていく。「パラソルがあそこにある、何かあったら行こう、と思えるから勇気がもらえる」と言ってくれた人もいる。

とはいえ、うまくいくことばかりではない。スタッフがどんなに心を尽くしても、それがうまく伝わらないことがある。いつも誠実に対応したいと思っているが、誤解が生じるような言葉遣いをしてしまったり、相談者の期待する返答ができずに気分を害してしまったりすることもあり、その都度深く反省する。

相談員にも個性があり、それまでの経験や考え方はさまざまである。だからこそ、同じ人が繰り返し相談の電話をかけてくる場合でも、毎回同じ相談員が対応するのではなく、チームとして相談を受けることを原則としている。そして、どのように対応するのか、何度も話し合いを重ねている。こうしたやり方は、相談者と相談員が固定した関係に陥らず、悩みや困りごとに多方向から対応することを可能にするためにも有効だと考えている。

▽(3) 交流促進事業——「ふらっと!しゃべり場」

スタッフたちは、日々、たくさんの相談を受けている。そのなかで、「自分の気持ちを自分の言葉で話すことは意外と難しい」と考えるようになった。相談において、「どんなお気持ちですか?」と問いかけられたとき、スラスラと答える人は多くない。仮に、スラスラと答える人がいたとしても、その答えの外側に、言葉にはできない思いが取り残されてしまっているように感じられることもある。電話相談では、気持ちを十分に言葉にできずに通話が終わってしまうこともあるだろう。

話すことによって解決の道筋を考えられるようになったり、気持ちがすっきりしたりすることもあるだろうが、そもそも他人に対して、自分の悩みや気持ちを話すことには勇気がいるし、時間もかかる。相談を重ねるなかで、「対面でもっとじっくり話したい」、「ほかの人の意見も聴いてみたい」という声が徐々に聞こえてくるようになった。

また、パラソルの情報発信活動を通じて、「ジェンダーについては興味があるけど、身近な人と話すのはけっこう難しい」、「いろいろな立場からの意見を知りたい」という声も寄せられていた。そこでスタッフたちは、「さまざまな人と安心して話ができる場所」をつくろうと考えた。そこで考案された交流活動が、「ふらっと!しゃべり場」である。「ふらっと寄れて・FLATな、だれでも交流会」として、毎月一回、土曜日の午後に定期開催することにした。会場は、パラソルが入居する「国立駅前くにたち・こくぶんじ市民プラザ」の会議室だ。一回目が開催されたのは、二〇二二（令和四）年九月だった。

それ以来、毎月異なるトークテーマを立てて、一か月ほど前からウェブサイトやSNSで参加を呼びかけている。年齢・性別を問わず、市外からの参加も歓迎しているほか、手話通訳にも対応している。話すことには自信がないという人は、聴くだけの参加でもいい。

たとえば、「『けっこん』って何だろう？」（二〇二三年五月）というテーマで開催したときには、一〇代から七〇代まで一九名が参加した。スタッフ側には、「年齢も性別も多様なメンバーで、どんな話が出るのだろうか」という不安が多少あったが、はじまってみると、近い席に座った人たちで自然とグループができ、活き活きと話す姿が見られてほっとした。

参加者の多くは、市内各地の掲示板に貼られたポスターなどを見て開催を知り、会場に足を運ぶ。ポスターに書かれた内容が気になり、パラソルに興味をもったという中学生もいる。もちろん、日頃からパラソルの相談を利用している市民が参加することもある。参加者同士の会話が盛り上がり、みんなで次回のテーマを決めたという回もあった。

参加者には、会場内で守ってほしいグランドルールを説明している。ルールは以下の六つとなっている。

これまでに開催された「ふらっと！しゃべり場」テーマ一覧

2022年９月３日	『ジェンダーギャップ指数116位の日本について、どう思う？』
2022年10月１日	『なかなか話せない⁉ジェンダーのことを話したい！』
2022年11月５日	『NO って言えてる？』
2022年12月３日	『もっと話したい、アライのこと』
2023年１月14日	『モテって何だろう⁇それって何のため？』
2023年２月４日	『空気 読めない or 読みすぎ　～じゃあどうすればいい⁉』
2023年２月25日	特別編　『ワーママ会議・語りたい、聞きたい「私の好き」』
2023年３月１日	特別編　『みんなで話そう！更年期のこと』
2023年３月４日	『男になれ！とはどういうこと？～男は強いのか？つらいのか？』
2023年４月１日	『嫌われたくない？いい人と思われたい？』
2023年５月６日	『「けっこん」って何だろう？』
2023年６月３日	『“レンアイ”について話してみない？』
2023年７月１日	『ソロですが⁇』
2023年８月５日	『もやる言葉　ありますか？』
2023年９月２日	『戦わなくちゃダメですか？』
2023年10月７日	『「親」と聞いてドキリとする人』
2023年11月４日	『じぶんの守り方学習会』
2023年12月２日	『“なんで”決めた？』
2023年12月６日	特別編　『はなそう“おかあさん”のこと』
2024年２月３日	『“怒る・嫌い”は悪いこと？』
2024年３月２日	『自分を大切にする』ってどういうこと？』
2024年４月６日	『春、フレッシュな気分で…♪ないとダメですか？』

「ふらっと！しゃべり場」のポスター（2024年６月、11月）

❶みんな違うことを前提に（性別・性的指向・性自認などの決めつけを行わない）する。
❷この場で聴いたこと（個人情報に関すること）は、他の場所で話さない。
❸退席、離脱、再着席は自由。
❹無理して話す必要はない。
❺無理して聴く必要もない。
❻ほかの人を攻撃しない。

こうしたルールを通して、参加者全員にとって居心地のいい場所になることを目指している。安心・安全な場所をつくるためには、参加者の協力が欠かせない。毎回、ルールをしっかりと説明してから開始している。スタッフは、会話を仕切ることは避け、「気持ちよく話せる場づくり」に徹している。

だが、それが難しい場合もある。会場で話が進行するなかで、特定の人を排除したり、ほかの参加者を傷つけかねないような発言が出てしまったときには、それに対処するために、スタッフが会話に介入せざるを得ない。

「誰にとっても話したいことが安全に話せる場所」をつくるというのは、決して容易なことではない。スタッフたちは、悩みながら、手探りで模索を続けている。

(4) 啓発事業

出前講座

パラソルは情報発信に力を入れているが、特定の価値観や考え方に導こうとする立場ではないことを、常に念頭に置いている。同じように、啓発活動においても「教える」のではなく「ともに考える」ことを前提に試行錯誤を重ねている。

啓発活動の柱となっているのは、市内各地に出向いておこなう「出前講座」である。学校や企業、市民のサークルなど、声がかかればどこにでも出掛け、ジェンダー、男女共同参画、性の多様性などについて話をしている。市内外の大学や専門学校から講師を依頼されることもある。

どの場においても、いい出会いがある。木山にとって、とくに印象的だったのは、保育士や学童保育指導員を対象に実施したジェンダー研修である。

保育士研修は、市立の各保育所で、子どもたちの昼寝の時間を利用して二回ずつ開催した。研修がはじまる前は、「この人は、大事なお昼寝の時間に何をしに来たんだろう?」という心の声が聞こえてきそうな、硬い空気だった。ただでさえ忙しい現場で、事務作業や休息のための貴重な時間を割いて話を聞いてもらうことには、やはり申し訳ない気持ちが芽生える。

「今日は、みなさんが日頃困っていることなどもお聞きしたいと思います」と前置きをしたうえで、ジェンダーギャップ指数や性の多様性などについてのレクチャーをした。こうした場では、木山自身の子育ての失敗談についても、いつも話すようにしている。

その後は、保育士たちから質問や意見を聞く時間を設けた。初めて保育所で研修を実施したとき、硬い雰囲気のなかで緊張しながら発言を待っていた木山は、予想外に率直な意見が多く出されたことに少し驚いた。

「園児には、男の子らしく、女の子らしくとは思わないけど、保護者に対しては思っているかも」

「パパには甘く、ママには厳しくとか」

「自分自身に刷り込まれているものがあると感じた」

このような話が、和やかな雰囲気のなかで盛り上がった。学童保育所でも、同じくよい雰囲気で話ができた。

市内の小中学校からも頻繁に講義の依頼がある。教員向けのものもあれば、児童生徒に向けて授業をすることもある。とくに子どもたちと直接接する機会は、スタッフにとっても刺激的で楽しい時間だ。

二〇二三（令和五）年一二月には、市内の私立中高一貫男子校で実施された「ジェンダー教育プログラム」の監修を一橋大学の教員とともに担当した。初めての試みだったが、中学校教員と議論しながら指導案を作成し、実際の授業には同校の卒業生や一橋大学の学生たちにも参加してもらうなど、工夫をこらした。中学生に対する全六回の授業が終了したあとには保護者向けの講座も開催し、「一緒に考える」ことを呼びかけた。

こうした場を、さまざまなところで継続的に設けられるようにしていきたいと、木山は考えている。どんなに話が盛り上がっても、一度きりではすぐに忘れられてしまうし、何かを変えることにはつながりにくい。学校との連携をもっと強化していくこと、継続的な勉強会の開催や自主グループ運営の支援などを実現していくことが目標である。

中高生や大学生とのかかわり

各地の男女共同参画センターでは、若い世代にリーチできていないことを課題とするところが少なくないが、パラソルは高校生や大学生とともに活動することが得意なほうである。

近隣にある高校の生徒がパラソルを訪問し、一緒に学ぶこともある、二〇二二（令和四）年度から高校のカリキュラムに新設された「探究学習」において、「ジェンダー」がテーマとして選ばれることも多い。スタッフとの会話を通じて浮かんだアイデアを学校に持ち帰り、校内での実践につなげていくという高校生もいる。

ジェンダーにかかわる活動をしている大学生の団体とも、よく活動をともにしている。これまで、学生向けの講座を一緒に企画したり、市民向けの展示企画を実施したりしてきた。

他方で、実習やインターンシップなどの形で大学生を受け入れることもある。パラソルの事務スペースにはスタッフ以外の席を置く余裕はないのだが、それでも、お互いに学ぶことが多いと確信して、積極的に受け入れている。

大学によって派遣の制度はさまざまで、学生の志望理由もそれぞれ異なっている。ジェンダーについて専門的に学んできた学生もいれば、ほとんど知らないという学生もいる。もちろん、問題意識にも温度差がある。複数の大学から同時に学生を受け入れることで、学生同士でも刺激を得られるように配慮している。

実習の期間中、有意義な期間を過ごしてもらうためにスタッフたちは知恵を絞っているが、学生たちから教えられることも多い。情報誌作成や「ふらっと！しゃべり場」の準備の際には、若い世代ならではのアイデアを積極的に出してもらっている。

時には、ジェンダーをめぐる学生の率直な意見に接して、スタッフたちが戸惑ってしまうようなこともある。「ジェンダー平等には納得がいかない。大事にされたいし、男性

カードにメッセージを書く中学生（2018年11月）

には奢られたい」とはっきり言う学生にどのように返すのか、スタッフたちの懐の深さが試される場面もあった。

学生の受け入れには、準備にも実施にもかなりのパワーを要するが、パラソルの貴重な活動の一つとして取り組んでいる。インターン終了後に学生たちから届く手紙は、パラソルの「宝物」として大事に保管されている。

ここに挙げてきたようなパラソルの活動は、メディアなどでもたびたび取り上げられてきた。新聞や雑誌からの取材が多いが、イベントの際にテレビ局が取材に来ることもある。また、ほかの自治体の男女共同参画センターや国立女性教育会館で研修の講師を務めたり、自治体職員や議員の視察訪問を受け入れたりといったことも少なくない。国立市が「女性と男性及び多様な性の平等参画を推進する条例」をはじめとする先駆的な取り組みをしていることで、パラソルの活動も注目を集めてきたのである。

だが、前述したとおり、活動はいつも試行錯誤の繰り返しである。開設からまだ六年しか経っておらず、多くの経験を積んできたわけではない。うまくいくことも、失敗することもあるなかで、運営に携わるスタッフたちはどのような思いを抱いているのだろうか。第7章では、そこに焦点を当てていきたい。

第7章

誰も傷つけない社会をつくる！
——国立市の挑戦

1 パラソルの相談活動

二〇二三年一〇月のある日、パラソルに一通の手紙が届いた。黙って読むスタッフの目に涙が浮かぶ。心配して聞くと、「喜びの涙」だという。その手紙には、パラソルが提供した専門相談への感謝の思いが綴られていた。

> こんにちは、※※※※と申します。××年×月×日に自分でニューハーフを自認している相談員の方と相談をしたノンバイナリー[1]性自認の人です。
>
> 自分は二〇歳ぐらいの時から一〇年以上前から性自認についてずっと悩み続けていました。

出生時に割り当てられた性別は男でしたが、明らかに自分は男ではないという確固たる自認はあるものの、その先がわからず人に説明も何度もしなければならず、いわゆる「埋没」(2)状態になることができず、また自分でもどうしたいのかがわからず、辛い思いをずっとしているというような相談をしました。相談の回答を要約すると以下のようになります。

埋没ができるＭｔＦ《エムティーエフ》(3)やＦｔＭ《エフティーエム》(4)と比べて、オネエだったりニューハーフだったりそのような選択をして生きるって決めた人は、かなり芯がないと生きづらいと感じることがあると思います。相談員の人もこのように言っていました。「他人の道を歩くな、自分の道を歩け。誰になんと言われようと関係ないって言えるだけの芯があれば、必ず道は開けるから。その芯、すなわち自分はこうしたいっていうのは生きていれば必ず見つかるから」

心の底から、悩んでいても性自認がわからなくても迷っていることを優しく抱きしめながら、強く生きていこうって強く思える言葉を頂きました。

当事者の人からそういう言葉をいただけたからこその、言葉の重みだったと思いますし、その言葉をすんなり受け入れることができました。

実は私は性自認に関連して、当時勤務していた会社からパワハラやセクハラを受け、うつ病を発症し退職を余儀なくされた経験があります。「人を傷つけるのは言葉であり、また癒せるのも言葉である」というような言葉を聞いたことがあります。それを思い出しました。相談電話は50分ですが、その間に話したいことはすべて話せましたし、電話が終わった後も言葉を反芻して思い返すことで自分の中の生きる力が少しずつ湧いてくる気がしました。

基本的には市民サービスだが、市外からも相談に乗っていただけるということを仰っていただいた受付の担当者様、この男女平等参画センターに限りある予算を割いていただいた国立市長の永見理夫様、そして名前も知らない相談員の方や関わってくださったすべての方々に感謝いたします。

国立市に住んでいたときはあるのは知っていても、行っても何ができるのかよく分からず

（１）性自認が女性・男性のどちらにも明確にはあてはまらない、あるいはどちらにも当てはめたくないという人を指す。

（２）トランスジェンダーの人が、周りに気づかれることなく自認する性別で社会生活を送ることを指す。カミングアウトせず、ひっそりと暮らしているケースは少なくない。

（３）（Male to Female）出生時の戸籍上の性は男性だが性自認は女性であり、女性として生活することを望んでいる人を指す。

（４）（Female to Male）出生時の戸籍上の性は女性だが性自認は男性であり、男性として生活することを望んでいる人を指す。

実際に利用することはなかったですが、施設の存在自体がいつでも受け入れてくれることを示す暗黙のメッセージになっており、素晴らしい施設だと思います。
本当に、ありがとうございました。また、機会がありましたらお世話になります。(5)

この利用者は、心理カウンセラーによる「ＳＯＧＩ（ソジ）相談」（一四一ページ参照）を何度か利用していた。こうした専門相談を無料で提供できるのは、自治体が運営している施設だからこそである。想定される対象者は決して多くはないが、それでも国立市がこうした事業に予算を割いているのは、どこにも頼れず、ともすれば社会から排除されてしまいかねない人にこそ行政の支援を届けるべきだ、と考えているからである。

他方で、相談の問い合わせを受けたスタッフがＳＯＧＩ相談をはじめとする専門相談を紹介しても、「専門家ではない人と話したい」と言われることがある。友達や家族には言いにくいことを聴いてほしい、ちょっとしたことを話せる相手がいない、どこに相談してよいのかわからない、というのがその理由のようだ。パラソルの相談員が対応する「生きかた相談」は、無料で何度でも利用できるし、開館時間であればいつでも相談できるという手軽さがいいのかもしれない。

最近パラソルに入職したパートタイムのスタッフＡは、行政書士を本業としている。法務の専門家である行政書士にとって、各種の制度の利用にかかわる相談に応じることは日常業務の一つだが、パラソルでは専門家としてではなく、一般のスタッフとして相談業務にあたっている。スタッフＡがパラソルに入職したのは、本業とは異なる視点、異なる立場で、地域住民の支援をしたいと考えるようになったからだ。とはいえ、専門職ではないスタッフが相談を受けることについて、最初から明確なイメージをもっていたわけではない。スタッフＡが入職したばかりの頃を振り返って綴った文章には、次のように書かれている。

世の中には様々な「相談」場所があります。心理相談としてのカウンセリングや、相談範囲が厳格に定められた行政等での相談とは異なり、パラソルの相談事業である「生きかた相談」が扱う悩みはとても広範囲です。男女共同参画センターという新しい現場での仕事をはじめるにあたり、法律や心理等の専門職相談員ではなく、ジェンダーの視点をもった相談員が相談を受けることの意義は何なのか、私は明確な答えをもたないまま入職しました。

緊張しながら初めて取った電話で、ただ相談者の「物語」に聞き入り、語り合う形の相談を経験しました。行政書士として相談を受ける際は、ロードマップと解決案というゴールを提供するのが相談のセオリーです。専門職と依頼者という力関係もあります。しかし、パラソルで

(5)「ＳＯＧＩ相談」の利用者から届いた手紙。本人の許諾を得て掲載。本人の意向により表現を一部改変している。

2022年度の「生きかた相談」の内訳
情報誌『パラソル』第11号（2023年９月発行）より

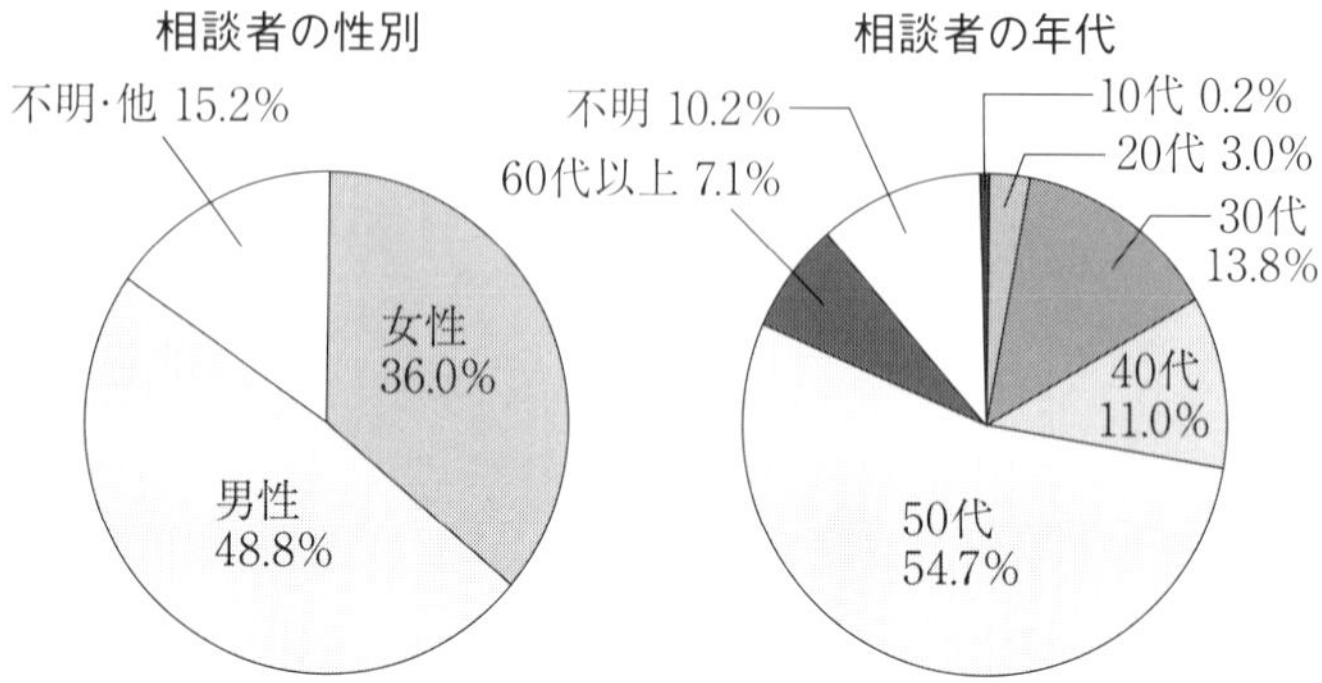

の相談業務では、解決や成果を目的とすると、むしろ悪手になると感じるようになりました。長い人生のなかで刷り込まれた観念や規範によって苦しんでいる場合、こじれた困難が魔法のような言葉で解消されることはありません。相談員は「占い師」ではないため、夢のような解決策を提示することもできません。ほかのスタッフの相談技法を観察していくなかで、「役に立つ」ことへのためらいの気もちや自分の無力さ（限界）を認めることが秘訣かもしれない、と思うようになりました。

スタッフAが述べているとおり、パラソルの「生きかた相談」が扱う範囲はきわめて広い。相談のなかでは、自分自身の生き方、人間関係、夫婦、離婚、恋愛、職場、孤独などの悩みが多く語られる。男性からの相談が多いことも、パラソルの特徴である。

実際の相談では、漠然とした不安をぽつりぽつりと話すことからはじまり、相談員との会話を何度も重ねるなかで徐々に問題が整理され、具体的な行動へとつながっていくこともある。下記は、利用者の一人から寄せられたメッセージである。

わたしは四年前、最初は離婚のストレスから電話相談を利用しました。相談先がわからず、自分が落ち着くために、顔が見えない電話相談は安心して不安を吐き出せる場所でした。醜い内容も多かったでしょうが、相談員は受け止めてくださいました。

体調や気持ちが落ち着くまでには時間がかかりましたが、「法律相談」も行っていると聞いて、利用させていただいて法律的な不安を整理することで楽になりました。メールで配偶者と交渉し、離婚をすることができました。その後も対面で日々の悩み事や方向性を相談員と一対一で話す『生きかた相談』を希望。離婚で開放感はありましたが、専業主婦、ゼロからの再出発。自分の価値に懐疑的で、世の中を否定的にしか見られませんでした。

相談員から、どうしてそのように思うのですか？と問いかけられ、思い込みに光を当てるような感覚で、思いつくことに問いを投げかける習慣がついて、感情の整理がついていきました。パート就労を転々とした果てに正規雇用を掴み、二ヶ月で解雇になったタイミングで、通院先の医師から双極症の診断がおりました。他の様々な福祉サービスを探しながら話を聞いていただく日々。病識を持つにつれて、周囲の人々の観察や自分の受け止め方について整理するうちに、否定に陥りがちな自分を肯定する声かけを重ねていただきました。客観性を持ち、落ち着いて周りを見られるときに、わたしはおかしなことは言っていないと言っていただき、自己不信から立ち直ることができました。感じたことは心の中のことであると受け止めて、感情出力の障害特徴なのだと理解し、反応に付随して起こる［症状は］生育環境での虐待やDVが絡んでいることがわかってきました。社会の無理解に対する怒りがあり、感じたことについて相談員がどのように思うのか、雑談のように利用することもあります(6)。

とはいえ、専門家ではないスタッフが相談に応じることの限界を感じることもよくある。相談者から「あなたにはわからない」と言われることもあれば、「私はどうしたらいいですか？」と解決策を求められることもあるが、スタッフができることは、話を聴き、一緒に考えること、相談者が気持ちを言葉にし、整理するのを手伝うことだけだ。

相談のなかで語られる悩みはさまざまだが、一見すると性の問題とは関係なさそうな相談であっても、話を続けるうちにジェンダーにかかわる悩みが明らかになることは少なくない。スタッフAは、それについて次のように述べている。

密な関係（家族・パートナー）に苦しむ人、今日一日生き延びることが苦痛である人、依存症や暴力の問題を抱える人、役割規範に苦しむ人、ライフプランに迷う人…相談で語られる困難は、多くがジェンダー規範に関連し、それぞれが様々な形の淋しさを抱えています。相談者の方の多くにはジェンダー問題に悩んでいるという意識がありません。だからこそ、問題を捉え直す新しい視点を提供することが、男女共同参画センターの相談業務の役割なのではないかと思います。

ここで触れられているジェンダー規範とは、「私は女性だからこうありたい」、「母親はこうあるべきだ」、「娘が高学歴になると嫁の貰い手がなくなるから心配」、「男の子は、元気でスポーツ好きなのが当たり前」、「男性は女性より稼がなければ」、「職場では、女性は感じよく控えめに」といった、性別にまつわる思い込みである。

絵に描いたような「女性の幸せ」や「男性の成功」にとらわれ、自分がそれに近づいていないことにいら立ちを感じたり、自分だけでなく相手にもそれを求めてしまったりすることがある。あるいは、自分自身の気持ちや考えではなく、周りからの評価を優先してしまったり、「世の中

（6）　生きかた相談・専門相談の利用者からのメッセージ。本人の許諾を得て掲載。

ではこうだから」と思い込み、それ以外の可能性に目を向けられていなかったりするケースもある。

相談を受けるスタッフは、相談者の決定を尊重し、心地よい場所を自ら見つけることの手助けをするが、相談者の代わりに解決策を見つけることはできない。実際、相談を受けていると、何もできない自分の無力感を痛感することもしばしばある。スタッフにできることは、相談者が自ら答えを見つけるための「きっかけづくり」でしかない。

他方で、スタッフたちのほうでも、日々さまざまな相談を受けながら、自らが内面化していた規範を問い直すことが少なくない。それについてスタッフAは、次のように述べている。

私自身も、相談者の方の語りから、自分自身がとらわれている役割・ジェンダー規範に気がつくことがあります。様々な語りを聴くことで、私の中にある未消化の問題に直面することにもなりました。相談業務から得たのは、相談員を信頼して自己開示し、パーソナルな悩みを語る勇敢さを持つ相談者の方から、率直であることの大切さと、助けを求めることこそが「自分助け」の重要なアクションであると教わったことです。今は、相談者の語りを聴くことで、私自身にも変化のある相談ができたら……と思っています。

パラソルの「生きかた相談」では、こうしたことを念頭に置きながら、相談者に「寄り添う」ことを目指している。開設から六年で受けた相談は、専門相談とあわせて約六〇〇〇件に上っている。

2 「場」がもつ力

ところで、パラソルの相談活動は、「ふらっと！しゃべり場」や各種のイベントなどとも緩やかにつながっている。ステーション長の木山は、「ふらっと！しゃべり場」を開始した経緯について、次のように述べている。

多くの相談を通じ、自分の気持ちを自分の言葉で話すことの大切さについて考えるようになりました。「あなたの気持ちを聴かせてほしい」と言われた時、自分の気持ちの解像度が低い人、もしくは自分の気持ちを大事にしてこなかった人は言語化することは難しいでしょう。できないのは自分の言葉で自分の気持ちを話す機会がなかった、もしくは許されなかったということもあると思います。いつも誰かに許可をもらうことが当たり前の環境で生きてきた女性もいるでしょう。弱音を吐くことは負けだと言われてきた男性も少なくはないと思います。

幼い時から、自分が好きになる相手を隠さないと生きていけなかった方、性自認について誰にも話せなかった方。性別にかかわらず、全ての人々が安心、安全な場所で自分の気持ちを自分の言葉で話す、その経験を積み重ねること。うまく話せなくてもいいから、まず話せる場所がある。そんな場所を提供したいと思い、始めたのが「ふらっと！しゃべり場」です。
ふらっと寄れてＦＬＡＴな交流会。毎月同じ曜日、同じ時間に違うテーマで話す。いいことを言わなくてもいいし、まとまらなくても、自分はこう思う、と伝えられる場を作っていきたいと思いました。
パラソルに遊びにきた大学生が、「ジェンダー」のことや「セクシュアリティ」のことは興味あるし、誰かと話したいけど、話しにくいし、話す相手を選ぶ、と言っていたことも、始めるきっかけになりました。

利用者のほうでは、どう受け止めているのか。たとえば、先ほど紹介した相談利用者からのメッセージは、次のように続いている。

フロアのパネルも社会的時事について深い眼差しで捉え、問いかけるような内容で、新たな視点を頂いています。また、わたしは予定をこなすことがプレッシャーで遂行できない困り事

がありますが、事前予約もなし、途中参加も可能で自由参加の『ふらっとしゃべり場』を楽しみに参加しています。月一ペースで、ふらっと参加の人々とテーマについて思うことを話し合うと自信に繋がります。

こうした場がうまく機能するためには、安心できる安全な環境を保持するための配慮が欠かせない。「誰かの発言を咎めたり、排除したりしないこと」、「誰も傷つけないこと」は、パラソルがあらゆる活動のなかで強く意識していることの一つである。

スタッフAは、入職する前に利用者としてイベントに参加した際のことを振り返って、次のように述べている。

入職前、私が初めて参加したパラソルのイベントは、『トークバック　沈黙を破る女性たち』(7)の上映会でした。坂上香監督とJikka《ジッカ》の遠藤良子さんをお招きしたアフタートークは、パラソルが大切とする援助の姿勢ともリンクしており、一人一人の人生に、ひとときでも伴走することの重さを感じました。モヤモヤをフラットな場で話し合える「ふらっと！しゃべり場」や読

(7)　二〇二三年に公開された映画。坂上香監督。

書会イベントでは、場作りにおいて、安心感・安全性に繊細な配慮がなされていることを知りました。その日初めて顔を合わせた者同士が、率直に、安心して自分の声を出すためには、場作りをする側の目配り、パワー（ジェンダー、年齢、発言力、情報力等）の不均衡への気づきが重要です。ある属性に特化したイベントではなく、あらゆる役割やアイデンティティを持つ方が集う場は、まさに多様性を体現しているイベントであり、パラソルらしい場作りだと思います。

情報誌の発行やパネル展示においては、「傷つき」への徹底的な配慮がなされていることに驚きと感動を覚えました。ジェンダー問題にかかわるテーマなどを取り上げるとき、ともすれば誰かを断罪したり、排除したりする表現を選んでしまうおそれがあります。「正しいこと」が、受け取る側を孤立させ、傷つけることもあります。その繊細な配慮をもちつつも、バッシングやバックラッシュに屈せずに「気づき」に繋がる言葉を紡ぐ勇気を持つこと。その両方のバランス感覚が大切だと感じています。

ここで触れられている上映会は、二〇二三（令和五）年に実施した「ミモザウィークくにたち」のイベントとして、同年三月に開催したものである。

映画『トークバック　沈黙を破る女性たち』は、どん底を生き抜いてきた女性たちがサンフランシスコで立ち上げたアマチュア劇団に密着したドキュメンタリーである。暴力被害に遭い、自分を責めながら薬物依存や犯罪に手を染めて生きてきた彼女たちにとって、自分たちの人生を芝居にして上演することは、過去を乗り越えるための一種のセラピーであり、暴力が蔓延する社会への問題提起でもある。

芝居の上演後には、毎回「トークバック・セッション」（観客との質疑応答）がおこなわれる。「トークバック」という言葉は、「言い返す」という意味のほか、「声を上げる」、「（人々と）呼応し合う」といった意味でも使われる。

パラソルの上映会では、監督の坂上香と「くにたち夢ファーム Jikka《ジッカ》」の遠藤良子の対談形式による「トークバック・セッション」がおこなわれた。坂上からは、映画を撮ろうと決意し、数々の困難を乗り超えてやっと完成した作品であることが語られ、長く女性支援に携わってきた遠藤は、自身の経験にも触れながら、深い傷を負いながら生きてきた女性たちがどのようにして自分の足で歩きだすのかについて語った。

対談のなかでは、自分のつらい経験を誰かに語ること、それを支える場をつくることの重要性についても言及された。

遠藤　映画を観て感じたことは、（今の日本の社会では）被害者に語らせていないということ。

話していい、語っていい。被害者は決して特別でかわいそうな人ではない。女性は我慢するのが当たり前という価値観が、まだ根強くあると感じている。映画に登場した女性たちのように、自分が自分であることを表現していいんだ、ということを考えたい。

坂上　映画に登場した人たちも、仲間の力があったからこそ、ここまで表現し、回復することができた。ご飯を誰かと一緒に食べることでもいい、普段出会えない人とちょっと会ってみることでもいい。これからも、人と人がつながるために、表現する場を作りたい。

遠藤　辛い経験は、隠すことでも、はずかしいことでもない。「私が悪いんです」と話す相談者が多いが、そうではない。

坂上　まずは辛さを十分に受け止めてもらえる場が必要。でもまだその場が足りない。受け止めてもらった後に、自分を表現できる場所をもっと増やしたい。(8)

パラソルは「人と人がつながる場」、「辛さを十分に受け止めても

映画『トークバック』上映会の様子（2023年3月12日）

らえる場」、「受け止めてもらったあとに、自分を表現できる場」をつくることを試みてきた。まだまだ十分ではないし、リーチできていない層も多い。だが、自分の経験に向き合い、次の一歩を踏みだす元気を養うことができるような場所は、探してみれば地域のなかにいくつもあるはずだ。そうした場所とさらに連携を深めていくことも、パラソルの大事な課題である。

3　地域社会に根を下ろす

パラソルの開設から六年が経ち、国立市の他の機関や民間団体と一緒に活動することも少しずつ増えてきた。

市の子ども家庭支援センターや国立市社会福祉協議会との連携のほか、「くにたち夢ファーム Jikka《ジッカ》」とは大小さまざまなイベントをともに開催したり、相談活動においても相互に協力したりしている。各機関でできることを話し合いながら、解決が難しいことにも向き合い、知恵を出しあうという関係をつくってきた。

（8）パラソルのウェブサイト「開催報告（上映会）『トークバック～沈黙を破る女たち』」(https://kuni-sta.com/2023/03/17/talk-back-2/) より。

パラソルのように自治体が設置している施設で相談活動をおこなう意義の一つは、相談のなかから地域の課題を抽出し、自治体が取り組む事業に反映していくことにある。その際にも、こうした官民を問わない連携体制があることは重要である。それぞれの得意分野や強みを活かし、苦手な部分は補い合いながら、縦割りの組織を越えて事業化が図れるからだ。

二〇二二（令和四）年三月に開催した座談会「みんなで話してみよう！生理のこと」も、そうした試みの一つである。

この座談会は、若者のリプロダクティブ・ヘルス／ライツの促進を目指す「Youth Terrace（ユーステラス）[9]」との共催として、一〇代から二〇代の若者を対象に開催したもので、ユーステラスで「ユースアンバサダー」として活動する大学生二名と助産師一名が進行役を担った。

若者たちの間では、生理に関することが話題に上ることは少ないようだが、意見交換をしていくなかでは、家族や友人たちとよく話をしている、という声も上がった。具体的にどんな話をするのかを聞いていているうちに、普段は口に出さない疑問や困り事について、率直な思いを語る参加者も増えていく。タブー視しないで向き合うことは意外に簡単なことなのかもしれない、という空気が生まれ、座談会は大いに盛り上がった。

パラソルがこの座談会を企画するきっかけとなったのは、国立市が二〇二一（令和三）年に実施した生理用品の配布と、同年一二月に市役所で開催された「みんなの生理研修」である。

生理用品の購入が女性たちの経済的負担となっている状態がコロナ禍によって顕在化し、「生理の貧困」が社会的な課題として注目を集めるようになっていたなかで、国立市では同年四月に公共施設において生理用品の無償配布を試みた。その後、かねてより女性の健康支援や子育て支援の充実を目指して活動してきた市議会議員の尽力により、二〇二二年三月には国立市商工会女性部の協力を得て実施された。

また、二〇二一年一二月には、性別にかかわらず働きやすい職場をつくるための取り組みの一環として、国立市役所において係長以上の職員を対象とする「みんなの生理研修」が実施されている。このように、市内の各所で生じるさまざまな取り組みの連鎖が、次のステップへとつながっている。

国立市は小規模な自治体であるため、近隣の自治体と連携して事業に取り組むことも少なくな

(9)　民間シンクタンクの「日本医療政策機構」が2021年に立ち上げたプラットフォームで、①大学生等を対象とした包括的性教育の実施、②SRHRに関する情報提供・健康相談窓口の設置、③調査・政策提言活動、の三つを柱として活動している。このうち②については、SRHRに関心をもつ大学生を「ユースアンバサダー」として任命したうえで、若者相談窓口「ユースカフェ」を設置するなどの取り組みをおこなった。パラソルとともに開催した座談会は、ユースカフェの活動の一環としておこなわれたものである。ユースカフェ事業は二〇二二年に終了している。

い。その一つが、若年層の性的マイノリティ当事者（あるいは、当事者かもしれない人）を対象とする居場所事業「にじーず多摩」である。「一般社団法人にじーず」が各地で展開している居場所事業を東京都多摩地域にも実現させるべく、国立市と近隣の一〇市（清瀬市、小金井市、国分寺市、小平市、多摩市、東村山市、日野市、府中市、町田市、武蔵村山市）の連携事業として、二〇二二（令和四）年に開始した。運営は「にじーず」に委託している。

性的マイノリティの子どもや若者の多くは、家族や友人に自分のことを率直に話すことができない。自分の身体への違和感や性的指向への戸惑いはあっても、当事者であるかどうか確信がもてないままでいる子どもたちも少なくない。この事業は、そうした子どもや若者に、安心して過ごせる場所を提供するためのものである。

会場は各市の持ち回りとして、月に一回定期的に開催しており、参加は無料である。初回は二〇二二（令和四）年五月に「国立駅

座談会「みんなで話してみよう！生理のこと」の様子（2022年３月11日）

国立市役所の「みんなの生理研修」（2021年12月22日）

前くにたち・こくぶんじ市民プラザ」で開催された。毎回、参加者は一緒にカードゲームをしたり、本やマンガを読んでのんびりしたり、会話をしたりして過ごす。近隣の複数の市と合同で実施することとしたのは、対象者に広く参加してもらうためだが、地元での「身バレ」を懸念する若者の心配を払拭するという意図もある。

ところで、パラソルの情報誌では、関係する活動をおこなっている地域の団体を紹介する記事を、第九号から毎回掲載している。「くにたち夢ファーム Jikka」（第九号）、「くにたち映画祭実行委員会」（第一〇号）、「ＮＰＯ法人　くにたち農園の会」（第一一号）、「一橋大学ダイバーシティ推進室」（第一二号）などだ。これも、連携の輪を広げるための試みの一つである。

第一一号で紹介した「くにたち農園の会」は、国立市南部の谷保地域に二〇一三（平成二五）年に開園した「コミュニティ農園　くにたちはたけんぼ」を拠点とする団体である。農園をいろいろな使い方ができる場所にしようと取り組むなかで、いつしか子育て中の女性がたくさん集まるようになった。

農園に集まった人たちが、自分たちの生活にとって必要なことを実現しようと取り組んできた結果として、国立市地域子育て支援拠点事業「つちのこひろば」、「田畑とつながる子育て古民家つちのこや」、認定こども園「国立富士見台団地　風の子」、「森のようちえん　谷保のそらっこ」、学校に代わる子どもたちの居場所「フリースペースはたけんぼ」などの子育て事業が、農園事業と並ぶ二本柱となったという。運営を担っている中心スタッフの多くは女性である。

「国立市女性と男性及び多様な性の平等参画を推進する条例」が掲げる基本理念の一つに、「相互の協力と社会の支援の下に、家庭生活、職場及び地域における活動の調和の取れた生活を営むこと」があるが、「くにたち農園の会」の子育て事業は、それを体現するような取り組みだ。

そのような活動に取り組む団体は、国立市内にいくつも存在している。だが、そうした団体の活動が条例と結びつけて捉えられることは少ない。というか、市民のなかではそもそも条例の存在自体があまり知られていない。

国立市が二〇二三（令和五）年春に実施した「ジェンダー平等に関する市民意識調査」によると、条例について「知っている」と答えた市民は六・三パーセント、「聞いたことはあるが内容は知らない」が二六・六パーセン

パラソルが「つちのこや」で開催した講座の様子
（2019年２月15日）

「国立市ジェンダー平等に関する市民意識調査」（2023年）より

問　以下の語句の意味や内容を知っていますか。
「国立市女性と男性及び多様な性の平等参画を推進する条例」

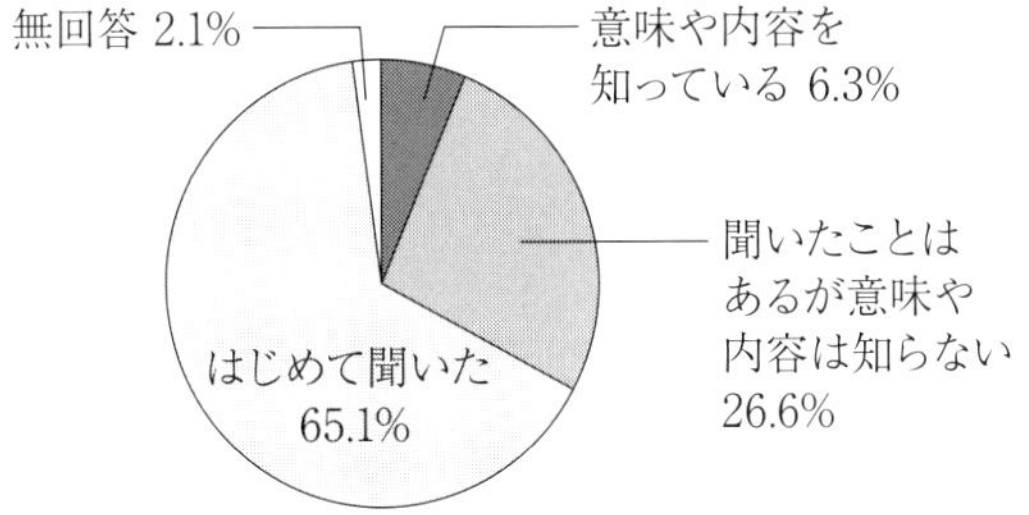

「くにたち男女平等参画ステーション・パラソル」が
あることを知っていますか。

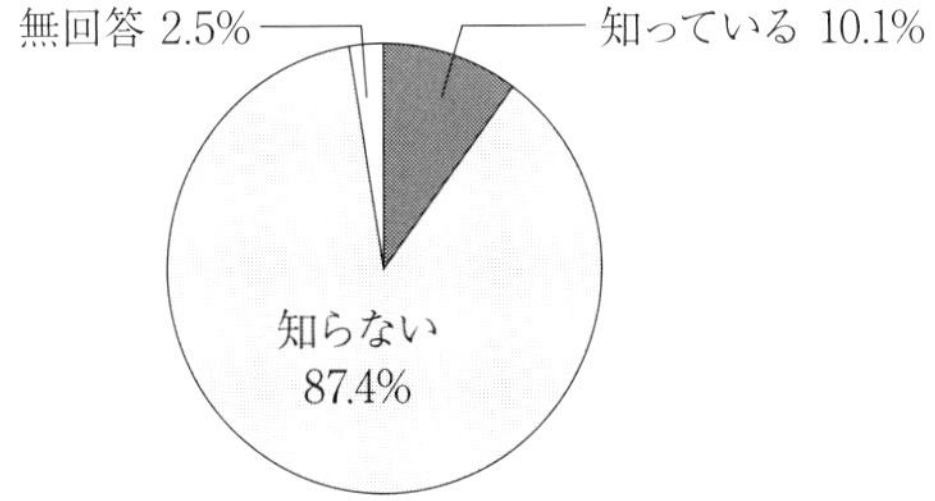

ト、「はじめて聞いた」が六五・一パーセントだった。パラソルについては「知っている」と回答した市民はわずか一〇・一パーセントである。条例推進の拠点施設であるパラソルの認知度は低く、地域のさまざまな団体とのつながりも概して薄いと言わざるを得ないのが現状だ。

　現状のパラソルは、自ら声を上げることが難しい人、これまで資源に恵まれず、差別や偏見を跳ね返す力をつけられずにきた人に焦点を当てることが多い。それゆえに、「ＬＧＢＴのための活動をしているところ」、「とくに困っている女性を支援するところ」というイメージをもたれることが多いが、そうではない側面も積極的に打ちだしていくことが次の課題である。

国立市で地域情報誌の制作を手がけてきた田中えり子は、二〇年以上にわたって、地域のさまざまな人や団体を数多く取材してきた。その経験を活かして、NPOなど市民活動を支援する別の事業でも広報に重点を置き、それらを紙面で紹介し続けている。その理由は、「できるだけ多くの市民が自分のニーズに合う場所を見つけられるように」という思いがあるからだという。

どの活動も、それぞれの「自分ごと」からはじまった課題意識と、それを解決していきたいという強い思いの結果として生みだされたものだ。そうした活動について広く伝えることは、同じような課題を抱えている人たちがつながる可能性を拓いていくことにもなる。地域のなかにさまざまなタイプの場が用意されていて、みんながそれぞれの事情や属性、好みに合わせて選択できるのが一番よい、と田中は考えている。

それらすべてを自治体がバックアップできれば理想的だが、市の予算にはかぎりがあり、資源をどのように配分するかは政治的な問題でもある。田中は、「それでも、対立するのではなく、互いを認め合って、みんなで『よいまち』をつくっていくために何ができるのかを考えたい」という。

条例の理念を実践に移していく際には、さまざまな制約や事情が絡み合い、対立や矛盾が生まれることもある。それに対して、どのように向き合っていくのか。立場が異なれば求めるものや意見も異なるが、異なる意見があることによって議論が生まれ、互いの理解が深まっていく。それは、とても大事なことである。

4 挑戦は続く

課題は、ほかにも山積している。

あるとき、性的マイノリティ当事者からパラソルに、「病院を探すのに苦労している」という相談が続けて寄せられたことがあった。健康保険証の記載が見た目の性別と一致していない場合は、病院に行くたびに説明を求められる。そうした煩わしさや、不調をうまく理解してもらえないことへの不安から、病院に行くのをためらってしまうことも少なくないという。

パラソルは、インターネット上でアンケートを実施し、性的マイノリティが病院受診に関してどのような困難を経験してきたのかを調査してみた。すると、以下のような声が寄せられた。

「戸籍上は同性のパートナーが入院した際、家族として扱われなかった」

「ＳＯＧＩに関するハラスメントを受けた」

「ＨＩＶ予備軍とみなされているかのような質問をされた」

「血液検査で、『男性（女性）ではこの数値が一般的』と言われ、自分の身体の状態がわからなかった」

「普段生活している性別で健康診断を受けると、身体上の性質と一致していないことがばれてしまい、戸籍上の性別で健康診断を受けると、見た目が合致しないので不審がられる」

「呼び名を通称名にしてもらうために、（窓口で）カミングアウトをしなければならない」

「問診票の男、女に○をつけさせられることがつらい」

こうした状況に対して何かできることはないか、パラソルのスタッフたちは知恵を絞った。自治体から医療機関に性的マイノリティへの理解と配慮を求め、協力の意思を示してくれた医療機関の受付にステッカーなどを貼ってもらうことができたら、安心して受診できるのではないか、さらに、ステッカーが貼ってある医療機関がどこにあるのかを示すマップも作成し、パラソルのウェブサイトに掲載するのはどうだろうか、といったアイデアが生まれ、これを「くにたちレインボープロジェクト」と名づけることにした。

医療関係者だけでなく、どのような形であれ「誰もが住みやすいまち」への一歩を踏みだすことに賛同してくれた個人や団体にも「レインボープロジェクト」のステッカーを配付し、街全体を「レインボーフレンドリー」な雰囲気にしていきたい、と夢は膨らんだ。

医療関係者にどのように説明すれば、賛同し参加してもらうことができるだろうか。考えた末、二〇二二（令和四）年三月に、最初の取り組みとして「医療者向けのＬＧＢＴＱ基礎講座」を開催することにした。講師は「一般社団法人にじいろドクターズ」に依頼した。

市内の病院やクリニックを個別に訪ねてチラシを配付したが、まだコロナ禍が収まっておらず、医療機関が多忙を極めていたこともあって反応は芳しくなかった。「医療者向けのＬＧＢＴＱ基礎講座」に参加した市内の医療者はゼロだった。

壁の厚さを痛感させられる出来事だったが、パラソルのスタッフと市長室の職員は、次なる作戦をじっくりと練って、また挑戦するつもりでいる。

こうした挑戦を続けるスタッフや職員がいることは、市民にとってはとても心強いことだ。それはまた、市民が行政に声を届け続けてきたことの結果でもある。

国立市には、多くの市民がともに学びながら行政と交渉し、自分たちの手で暮らしを改善していこうとする「市民参加のまちづくり」の文化が根づいてきた。第1章で紹介した文教地区指定運動などのほか、一九七〇年代から続く「しょうがいしゃ運動」も、国立市にとって重要な実践である（四六ページの**コラム2**参照）。二〇〇五（平成一七）年四月に制定された「しょうがいしゃがあたりまえに暮らすまち宣言」をはじめとする国立市の取り組みは、当事者が行政に対して声を上げ続け、交渉を重ねてきたからこそ実現したものである。市の職員たちは、当事者らと向き合うなかで鍛えられ、人権に対する理解を深めてきた。

ジェンダー平等も、同じく人権の問題である。性別による賃金格差や性的マイノリティに対する根強い偏見などは構造的な性差別であり、「すべての人の人権を尊重する」という観点から取り組むべき課題なのである。

一九八〇年代から国立市で市民活動を重ねてきたJikka《ジッカ》の遠藤良子は、自身の活動の出発点について、次のように語っている。

国立に越してくる前、横浜で専業主婦をやってた時期に、主婦たちが集まる学習会で『主婦とおんな』（一九ページ参照）を読んでたんですよ。だから国立って、そういう素晴らしい活動をしているところっていうイメージがあったんですね。でも、越してきたあとに『町の政治』っていう映画を観てね、すごいなとは思ったんだけど、同時に、米軍将兵の相手をした街娼の人たちを追いだしたんだっていうことが非常にショックでね。

なんというか、「学歴があってハイソな人たち」がやって来た「浄化運動」、「文教地区闘争」の限界はここだなって。この浄化運動の総括をしないかぎり、国立は本当に女性のための町にはならないっていうのが、自分のなかにガーンと入ってきたんですよ。

「市民参加のまちづくり」の文化は、国立市が長い時間をかけてつくり上げてきた貴重な財産である。その文化のうえに、すべての人が安心して暮らせるまちをつくろうと奮闘する市民の輪が広がり、市政を動かしてきた。その成果としてつくられた条例と制度は、国立市のこうした歴史を象徴するものだ。

「誰も排除しない社会」、「誰も傷つけない社会」を目指して、国立市の挑戦はこれからも続いていく。

あとがき

多様性（ダイバーシティ）の尊重が至るところで語られるようになり、これまで目を向けられることが少なかったさまざまな苦悩や困難が、社会の問題として議論されるようになった。ジェンダー平等をめぐる課題の多くも、これに当てはまる。他方で、多様性を尊重することに対する反発や不安の声も少なからず上がっている。自治体の取り組みにおいては、こうした状況のもとで慎重さが求められる場面もある。

多様性の尊重が語られるとき、その目的は「一様なものを多様にすること」ではない。一人ひとりの生活は、すでに多様なものとして存在している。そのことを認識し、現状では自由や権利を保障されていない人の困難を解消していくために、多様性の尊重が目指されるのだろう。そして、すべての人の自由と権利を保障することは、自治体の重要な責務の一つである。

二〇二四（令和六）年六月にパラソルが開催した「ふらっと！しゃべり場」にスピーカーとして参加した星野俊樹さんは、その後、情報誌『パラソル』第一三号に次のような文章を寄せてくれた。

自分のことについて、主語を三人称でなく、一人称で語ることで参加者たちは互いの生きづらさに共感し合い、その苦しみを感じているのが自分だけでないことや、それが社会のあり方と繋がっていることに気づく瞬間は、スピーカーとして参加している私自身も励まされ、心揺さぶられるほど感動的なものであった。

一人称で語られることに互いに耳を傾け、それぞれの人が抱える具体的な苦悩や困難を知ること。それを解決するために何ができるのかを、地域の具体的な状況に即して一緒に考えること。本書で見てきた国立市の取り組みも、こうしたことの積み重ねだったのではないかと思う。その背景には、人とのつながりに心を揺さぶられ、声を上げ続けてきた多くの市民がいる。

もちろん、まだまだ課題は山積しているし、本書で紹介できなかった活動から学ぶべきことも多くあるはずだが、今回は編者の力が及ばず、すべてをまとめきることはできなかった。市民として今後もまちづくりに参加しながら、市民の声に向き合い続ける行政のあり方を、多くの人と一緒に考えていきたいと思っている。

本書の内容は、第1章は金井聡、第2章から第5章までは編者の太田が執筆した。第6章と第7章は、木山直子と太田の共著である。それぞれが執筆した原稿を太田がとりまとめ、全体の調整をおこなった。

太田と金井は国立市男女平等推進市民委員会の委員でもあり、国立市のジェンダー平等施策に市民からの意見を反映させる役割を担っている。できるだけ視野を広げて、さまざまな立場の市民のみなさんの声を聴きながら執筆することを目指したが、十分に目を向けられていないところもあると思う。今後のまちづくりのためにも、市内外の方々からご指摘をいただけたらありがたい。

執筆にあたっては、多くの方々から惜しみないご支援とご協力をいただいた。国立市政策経営部市長室長の吉田徳史さん、市長室職員の岩元和也さんは、現在進行中の事業について幾度も話を聞かせてくださっただけでなく、膨大な資料の閲覧にもご尽力くださった。貴重な写真資料を提供してくださった国立市公民館とくにたち郷土文化館の担当者のみなさん、本書の趣旨をご理解くださり、快くインタビューに応じてくださった遠藤良子さん、永見理夫前市長、小柴登志江さん、熟田桐子さん、定禅寺かるまさん、田中えり子さん、川和さと美さん、渡邉愛里さん、パラソルスタッフのみなさん、手紙やメッセージの掲載を許可してくださった市民の方々にも、心より御礼を申し上げたい。また、いつもながら出版を快くお引き受けくださった株式会社新評論の武市一幸さんにも、深く感謝申し上げたい。

二〇二四年一二月

太田 美幸

ジェンダー平等にかかわる相談窓口一覧

国立市の相談窓口

- **くにたち女性ホットライン**（DV、生活、人間関係など）
  042-576-2127（平日：午前８時30分～午後５時／年末年始除く）

- **夜間・休日女性相談**
  070-2632-1078（月水金：午後７時～午後10時／土日祝：午後５時～午後10時）／年末年始除く）
  ※受付は終了時間の15分前まで

- **福祉総合相談ふくふく窓口**（生活・福祉に関する困りごと）
  042-572-2111（平日：午前８時30分～午後５時15分／年末年始除く）

- **くにたち子育てサポート窓口**（妊娠・出産・子育てなど）
  042-576-2111（内線168）（平日：午前８時30分～午後５時／年末年始除く）

ジェンダー平等にかかわる相談窓口一覧

くにたち男女平等参画ステーション・パラソル

● **生きかた相談**（暮らしの中で抱える様々な悩み）
042-501-6996（平日：午前10時～午後６時／土日祝：午前９時～午後４時／水曜日・年末年始除く）

● **専門相談**（内容／相談員）
・法律相談（離婚、ハラスメントなど／弁護士）
・みらいのたね相談（就業など／キャリアカウンセラー）
・悩みごと相談（家庭、人間関係など／心理カウンセラー）
・SOGI 相談（性的指向、性自認など／専門相談員）
※専門相談は予約が必要です。日時等はホームページをご覧ください。

そのほか、交流座談会「ふらっと！しゃべり場」や各種講座、情報誌の発行、展示などを行っています。
詳しくはホームページをご覧ください。

場　所：国立市北１-14-１　国立駅前くにたち・こくぶんじ市民プラザ内（JR 中央線高架下）
電　話：042-501-6990（平日：午前10時～午後７時／土日祝：午前９時～午後５時／水曜日・年末年始除く）
メール：info@kuni-sta.com

ジェンダー平等にかかわる相談窓口一覧

配偶者間の暴力（DV）等についての相談窓口

DV は心身への危害・危険があるだけでなく、無力感や PTSD など将来にも影響が起こりえます。DV ではないかと感じたら、迷わずにご相談ください。

● **くにたち女性ホットライン（国立市役所）**
042-576-2127（平日：午前８時30分～午後５時／年末年始を除く）

● **東京都女性相談センター多摩支所**
042-522-4232（平日：午前９時～午後４時／年末年始を除く）
03-5261-3110（平日：午後４時～午後９時／土日祝・年末年始：午前９時～午後５時）
03-5261-3911（上記時間外の緊急時）

● **東京ウィメンズプラザ（DV 専門相談）**
03-5467-1721（毎日：午前９時～午後９時／年末年始を除く）

● **東京ウィメンズプラザ（男性のための悩み相談）**
03-3400-5313（月水木：午後５時～午後８時／土：午後２時～午後５時／祝日・年末年始を除く）

● **東京都性犯罪・性暴力被害者ワンストップ支援センター（性暴力救援ダイヤル NaNa）**
♯8891（24時間受付／フリーダイヤル）

● **内閣府 DV 相談＋《プラス》**
0120-279-889（24時間受付／メール・チャット相談もあります）

● **立川警察署　生活安全課 防犯係 生活安全相談**
042-527-0110（平日：午前８時30分～午後５時15分）
※緊急の場合は110番（毎日24時間）

189　国立市女性と男性及び多様な性の平等参画を推進する条例

付　則

（施行期日）

1　この条例は、平成30年４月１日から施行する。

（国立市男女平等推進市民委員会条例の廃止）

2　国立市男女平等推進市民委員会条例（昭和61年３月国立市条例第１号）は、廃止する。

（経過措置）

3　この条例の施行の際、現に男女共同参画社会基本法第14条第３項の規定により策定されている国立市第５次男女平等・男女共同参画推進計画については、第９条第１項に規定する推進計画とみなす。

4　この条例の施行の際、現に第２項の規定による廃止前の国立市男女平等推進市民委員会条例（以下この項において「旧条例」という。）第３条の規定により国立市男女平等推進市民委員会の委員に委嘱されている者は、この条例の施行の日に、第17条第４項の規定により委員会の委員に委嘱されたものとみなす。この場合において、その委嘱されたものとみなされる委員の任期は、同条第５項の規定にかかわらず、同日における、旧条例第４条に規定する国立市男女平等推進市民委員会の委員としての任期の残任期間と同一の期間とする。

附　則（令和２年11月24日条例第27号）

1　この条例は、令和３年４月１日から施行する。ただし、次項の規定は、公布の日から施行する。

2　市長は、この条例の施行の日前においても、改正後の第10条の規定によるパートナーシップの届出の受理その他この条例を施行するために必要な準備行為を行うことができる。

ものとする。

第３章　推進体制

（推進委員会）

第18条　男女平等参画を推進するため、市長の附属機関として、国立市男女平等推進市民委員会（以下「委員会」という。）を設置する。

２　委員会は、市長の諮問に応じ、次に掲げる事項について審議する。

（１）市における男女平等参画の推進に関すること。

（２）推進計画の進捗状況に関すること。

（３）前２号に掲げるもののほか、男女平等参画を推進する施策に関し市長が必要と認める事項

３　委員会は、男女平等参画の推進に関し、必要と認める事項について調査及び研究を行い、市長に意見を述べることができる。

４　委員会は、市長が委嘱する10人以内の委員をもって組織する。

５　委員の任期は、２年とし、再任を妨げない。ただし、委員が欠けた場合における後任の委員の任期は、前任者の在任期間とする。

６　前各項に定めるもののほか、委員会の組織及び運営に関し必要な事項は、規則で定める。

（苦情又は相談への対応）

第19条　市民、教育関係者及び事業者等は、市が実施する男女平等参画に関する施策に係る苦情又は相談があるときは、その旨を市に申し出ることができる。

２　市は、前項の規定による苦情又は相談の申出について、必要に応じて委員会の意見を聴いて、適切な措置を講ずるものとする。

３　市は、第１項の規定による苦情又は相談の申出に対し、当該苦情を申し出た者に係る情報を保護するとともに、公平かつ適切に対応するものとする。

第４章　雑則

（委任）

第20条　この条例に定めるもののほか、条例の施行について必要な事項は、市長が別に定める。

（広報啓発及び調査研究）

第11条　市は、市民、教育関係者及び事業者等に対して、男女平等参画について理解を深めるために必要な広報及び啓発を行うものとする。

2　市は、男女平等参画の推進に関して必要な調査研究並びに情報の収集及び提供を行うものとする。

（積極的改善措置）

第12条　市は、性別による固定的な役割分担の意識があると認める場合又は性別を起因とする理由により参画する機会に不均衡があると認める場合にあっては、積極的改善措置を講ずるよう努めるものとする。

（家庭生活と社会活動の調和）

第13条　市は、全ての人が性別にかかわりなく、家事、育児、介護等の家庭生活における活動と職場、地域、学校等における活動の調和の取れた生活を営むことができるよう、必要な支援を行うものとする。

（女性のエンパワーメント）

第14条　市は、女性が自分自身の生活と人生を決定する権利を保障し、あらゆる参画の機会において、女性個人が持つ力を十分に発揮できるよう、女性のエンパワーメントのために必要な支援を行うものとする。

（活動及び教育における支援）

第15条　市は、男女平等参画の推進に関する取組を行う市民及び事業者等に対し、必要な支援を行うものとする。

2　市は、学校教育、社会教育その他の生涯を通じたあらゆる教育の場において、男女平等参画社会を支える意識の形成を図るために必要な支援を行うものとする。

（防災施策における推進）

第16条　市は、防災、災害対応、復興その他の災害に関するあらゆる局面において、男女平等参画の視点を取り入れた施策の推進及び被災者支援を行うよう努めるものとする。

（拠点施設の整備）

第17条　市は、男女平等参画の推進を図るための拠点施設を整備する

第８条　何人も、ドメスティック・バイオレンス等、セクシュアル・ハラスメント、性的指向、性自認等を含む性別を起因とする差別その他性別に起因するいかなる人権侵害も行ってはならない。
２　何人も、性的指向、性自認等の公表に関して、いかなる場合も、強制し、若しくは禁止し、又は本人の意に反して公にしてはならない。
３　何人も、情報の発信及び流通に当たっては、性別に起因する人権侵害に当たる表現又は固定的な役割分担の意識を助長し、是認させる表現を用いないよう充分に配慮しなければならない。

第２章　基本的施策

（計画の策定）

第９条　市は、男女平等参画に関する施策を総合的かつ計画的に推進するための基本的な計画（以下「推進計画」という。）を策定し、これを公表するものとする。
２　市は、推進計画の策定に当たっては、あらかじめ第18条に規定する国立市男女平等推進市民委員会の意見を聴くとともに、市民等の意見を反映させるために必要な措置を講ずるものとする。
３　市は、原則として毎年１回、推進計画に基づく男女平等参画に関する施策の実施状況を公表するものとする。

（パートナーシップ制度）

第10条　パートナーシップに係る証明の交付を希望する者で、規則で定めるものは、規則で定めるところにより、市長に届け出ることができる。
２　市長は、前項の規定による届出があったときは、規則で定めるところにより、当該届出を受理したことを証する書類（以下この条において「受理証明書」という。）を交付するものとする。
３　事業者等は、その事業活動の中で、市が実施するパートナーシップに係る制度を尊重し、必要な措置を講ずるよう努めるものとする。
４　事業者等は、受理証明書の提示があったときは、当該受理証明書に記載されている情報については、当該記載されている者の意思を十分に確認した上で取り扱う等により、第８条第１項及び第２項の規定を遵守しなければならない。

(7)全ての人が、妊娠、出産等の性と生殖に関する健康と権利を認め合い、生涯にわたって自分らしい生き方を選択できること。
(8)性別による差別的取扱い及び複合差別を理由として、困難な状況に置かれている人を支援するための取組が行われること。
(9)国際社会及び国内における男女平等参画に係る取組を積極的に理解すること。

(市の責務)

第4条　市は、前条に規定する基本理念（以下単に「基本理念」という。）に基づき、男女平等参画社会を実現するための施策を総合的かつ計画的に実施するために必要な措置を講じなければならない。

2　市は、男女平等参画を推進するに当たり、市民、教育関係者、事業者等、国及び他の地方公共団体その他の関係機関等と連携し、及び協力しなければならない。

(市民の責務)

第5条　市民は、基本理念に基づき、男女平等参画について理解を深めるとともに、家庭、学校、職場、地域その他の社会のあらゆる分野の活動において、男女平等参画の推進に努めるものとする。

2　市民は、市が実施する男女平等参画の推進に関する施策に協力し、共に実現するよう努めるものとする。

(教育関係者の責務)

第6条　教育関係者は、男女平等参画の推進に果たす教育の重要性を認識し、基本理念に基づいた教育を行うよう努めるものとする。

2　教育関係者は、市が実施する男女平等参画の推進に関する施策に協力し、共に実現するよう努めるものとする。

(事業者等の責務)

第7条　事業者等は、基本理念に基づき、事業活動を行うに当たり、積極的に男女平等参画の推進に努めるとともに、全ての人が家庭、地域及び職場における活動の調和の取れた生活を営むことができるよう環境の整備に努めるものとする。

2　事業者等は、市が実施する男女平等参画の推進に関する施策に協力し、共に実現するよう努めるものとする。

(禁止事項等)

的、精神的、社会的、経済的又は性的な暴力及び特定の人に対して行うつきまとい行為をいう。

(9)セクシュアル・ハラスメント性的な言動等によって、相手や周囲の者に不快感若しくは不利益を与えること又は相手の就労環境その他の生活環境を害することをいう。

(10)パートナーシップ互いを人生のパートナーとし、相互の人権を尊重し協力し合うことを約した、継続的かつ対等な2者間の関係

(11)積極的改善措置社会のあらゆる分野における活動に参画する機会について、性別による格差が生じているとみられる場合に、格差是正のために必要な範囲において、当該機会を積極的に提供することをいう。

(12)エンパワーメントその人の本来持つ力を発揮できるように支援し、環境を整えること、又は個人として若しくは社会集団としてあらゆる段階の経済、政治その他の分野における意思決定の場に参画できるようにすることをいう。

(基本理念)

第3条　市、市民、教育関係者及び事業者等は、次に掲げる事項を基本理念として、男女平等参画を推進する。

(1)性別、性的指向、性自認等による差別的取扱いや暴力を根絶し、全ての人が、個人として尊重されること。

(2)性的指向、性自認等に関する公表の自由が個人の権利として保障されること。

(3)全ての人が、性別による固定的な役割分担意識に基づく社会制度や慣行にとらわれることなく、その個性と能力を発揮し、自らの意思と責任により多様な生き方を選択できること。

(4)全ての人が、性別にかかわりなく、あらゆる分野における活動方針の立案及び決定に平等に参画する機会が確保されること。

(5)学校教育、社会教育その他のあらゆる教育の場において、生涯を通じた男女平等参画意識の形成に向けた取組が行われること。

(6)全ての人が、相互の協力と社会の支援の下に、家庭生活、職場及び地域における活動の調和の取れた生活を営むことができること。

195　国立市女性と男性及び多様な性の平等参画を推進する条例

第1章　総則

（目的）

第1条　この条例は、男女平等参画の推進に関する基本理念を定め、市、市民、教育関係者及び事業者等の責務を明らかにし、並びに市の施策の基本的事項等を定めることにより、市の男女平等参画に係る施策の総合的かつ計画的な推進を図り、もって全ての人が、性別等を理由とした人権侵害や暴力を受けることなく、その個性と能力を十分に発揮して自分らしく生きることができる社会を実現することを目的とする。

（用語の意味）

第2条　この条例において、次の各号に掲げる用語の意味は、それぞれ当該各号に定めるところによる。

(1)男女平等参画全ての人が、性別、性的指向、性自認等にかかわりなく個人として尊重され、その個性と能力を発揮し、社会のあらゆる分野における活動に参画することをいう。

(2)市民市内に居住する者、市内で働く者、市内で学ぶ者その他市内で活動をする者をいう。

(3)教育関係者市内において学校教育、社会教育その他のあらゆる教育に携わる個人及び法人その他の団体をいう。

(4)事業者等営利又は非営利にかかわらず、市内で事業活動を行う個人及び法人その他の団体をいう。

(5)性的指向異性を対象とする異性愛、同性を対象とする同性愛、男女両方を対象とする両性愛、いずれも対象としない無性愛等の人の恋愛や性愛がどのような性を対象とするかを示す概念をいう。

(6)性自認自分が女性又は男性であるか、その中間であるか、そのどちらでもないか、流動的であるか等の自らの性に対する自己認識をいう。

(7)複合差別性別に起因した困難を抱えていることに加えて、しょうがいがあること、外国にルーツを持っていること等、複合的な困難を抱えている状況に置かれることにより生じる差別をいう。

(8)ドメスティック・バイオレンス等配偶者、交際相手、パートナー等の親密な関係にある者又は親密な関係にあった者からの身体

国立市女性と男性及び多様な性の平等参画を推進する条例

平成29年12月28日条例第36号

目次

我が国では、日本国憲法において個人の尊重と法の下の平等がうたわれており、「女子に対するあらゆる形態の差別の撤廃に関する条約」を批准し、男女共同参画社会基本法（平成11年法律第78号）を制定するなど、男女平等の実現に向けて、国際社会と連動しながら様々な取組がなされてきた。

本市においては、昭和60年に婦人問題に関する初の計画となる「国立市婦人問題行動計画」を策定し、その後、名称を「国立市男女平等推進計画」へと変更し、男女平等に関する施策を総合的かつ計画的に進めてきた。さらに、まちづくりの基本理念として「人間を大切にする」を掲げ、全ての人を孤立や排除から援護し、社会の一員として包み支え合う地域社会の実現を目指している。

しかしながら、固定的な性別役割分担意識やそれに基づく社会慣行、性別を理由とした人権侵害や暴力は今なお根強く存在しており、女性と男性の間の格差解消に至るには多くの課題が存在している。また、性的指向や性自認等を理由とする差別や偏見等の課題もあり、より一層の取組が必要とされている。

よって、全ての人が性別の壁を越えて、互いの人権を尊重し合い、あらゆる分野において個性と能力を十分に発揮し、自分らしく生きることができる社会を築くため、市、市民、教育関係者及び事業者等が一体となって男女平等参画社会を実現することを決意し、この条例を制定する。

編著者紹介

太田美幸（おおた・みゆき）

一橋大学大学院社会学研究科教授。博士（社会学）。

著書に『スヴェンスカ・ヘムの女性たち』（新評論、2023年）、『スウェーデン・デザインと福祉国家』（新評論、2018年）、『生涯学習社会のポリティクス』（新評論、2011年）、共編著に『増補改訂版ノンフォーマル教育の可能性』（新評論、2024年）、『ヨーロッパ近代教育の葛藤』（東信堂、2009年）。訳書として、クリストッフェション著『イケアとスウェーデン』（新評論、2015年）、コルピ著『政治のなかの保育』（かもがわ出版、2010年）、ニューマン＆スヴェンソン著『性的虐待を受けた少年たち』（新評論、2008年）がある。

執筆者

金井聡（第１章）　淑徳大学兼任講師

木山直子（第６章・第７章共著）　くにたち男女平等参画ステーション・パラソル　ステーション長

ジェンダー平等のまちをつくる

―東京都国立市の挑戦―

2025年２月15日　初版第１刷発行

編著者　太　田　美　幸

発行者　武　市　一　幸

発行所　株式会社　新　評　論

〒169-0051
東京都新宿区西早稲田3-16-28
http://www.shinhyoron.co.jp

電話　03(3202)7391
FAX　03(3202)5832
振替・00160-1-113487

落丁・乱丁はお取り替えします。
定価はカバーに表示してあります。

印刷　フォレスト
製本　中永製本所
装丁　山田英春

ISBN978-4-7948-1282-7

新評論　好評既刊

太田美幸

スヴェンスカ・ヘムの女性たち

スウェーデン「専業主婦の時代」の始まりと終わり

日常なくして政治なし。協同組合の歴史に「家事労働と政治参加」「暮らしの改善とジェンダー平等」との関わりを読みとる意欲作！

四六並製　216頁　2420円　ISBN978-4-7948-1235-3

太田美幸

スウェーデン・デザインと福祉国家

住まいと人づくりの文化史

世界的人気を誇る北欧インテリアの意匠と豊かな福祉国家の形成はどのように関連しているのか？鋭い視点から描くユニークな文化史。　四六並製　304頁　3080円　ISBN978-4-7948-1105-9

サーラ・クリストッフェション／太田美幸訳

イケアとスウェーデン

福祉国家イメージの文化史

「裕福な人のためでなく、賢い人のために」。世界最大の家具販売店のデザイン・経営戦略は、福祉先進国の理念と深く結びついていた！　四六並製　316頁　3080円　ISBN978-4-7948-1019-9

太田美幸・丸山英樹編著

［増補改訂版］ノンフォーマル教育の可能性

リアルな生活に根ざす教育へ

世界各地の多様なノンフォーマル教育の実践を通じ、既存の教育観を超えた、「別様の教育」の可能性を追求する試み。待望の増補改訂！　四六並製　340頁　3300円　ISBN978-4-7948-1279-7

＊表示価格はすべて税込み価格です